Wander-Erlebnis

Ost-Steiermark

55 Touren vom Joglland in das Hügelland, Thermenland und Vulkanland

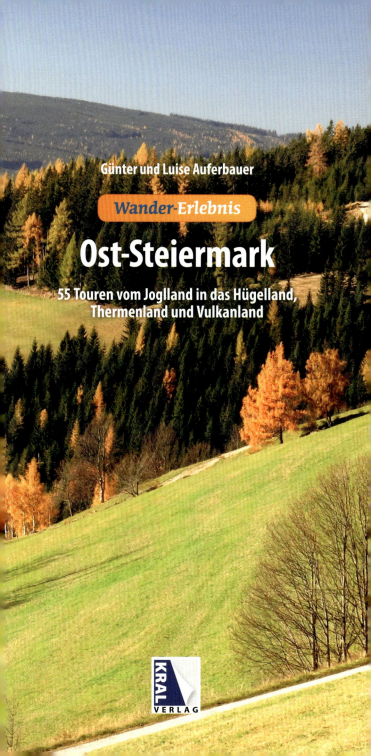

Günter und Luise Auferbauer

Wander-*Erlebnis*

Ost-Steiermark

55 Touren vom Joglland in das Hügelland,
Thermenland und Vulkanland

KRAL VERLAG

In der Natur und speziell im Kulturraum können Wegverläufe sich ändern, folglich Abweichungen gegenüber Texten und Karten ergeben. Relevant sind die an Ort und Stelle wahrnehmbaren Bedingungen.
Jede Umsetzung erfolgt in Eigenverantwortung und auf eigenes Risiko: Der Einzelne muss auf ihn zukommende Gefahren bzw. Hindernisse selbständig erkennen vermögen und entsprechend eigenverantwortlich handeln.
Dieser Wanderführer ist ausschließlich ein unverbindlicher Ratgeber.
Für Unfälle oder Schäden übernehmen die Autoren und der Verlag keine Haftung.

www.kral-verlag.at

© 2020 Kral Verlag, Anton Kral Gmbh; Inh. Robert Ivancich
J.-F.-Kennedy-Platz 2, 2560 Berndorf

Umschlagbild: Am „Weinweg der Sinne" in St. Anna am Aigen (Tour 46).
Bild im Innentitel: Im Joglland, nahe Wenigzell.
Fotos: © Günter Auferbauer; Seite 68: © Roland Auferbauer

Karten: © BEV 2020, vervielfältigt mit Genehmigung des BEV – Bundesamt für Eich- und Vermessungswesen in Wien, N2020/70660. Bearbeitung: Lisa Veverka, kamchatka.cc; Thematik adaptiert von Günter Auferbauer
Projektleitung: Sonja Franzke / Anita Gasteiner, vielseitig.co.at
Lektorat: Anita Gasteiner
Umschlag- und grafische Innengestaltung: Silvia Wahrstätter, buchgestaltung.at

ISBN 978-3-99024-891-1

Alle Rechte vorbehalten.

Inhaltsverzeichnis

Vorwort 7
Allgemeine Hinweise 9
Die Ost-Steiermark 12
Informationen und Adressen (Auswahl) 15

NÖRDLICHE OST-STEIERMARK

Fischbacher Alpen • Hochwechsel • Joglland

[1] Am Alpl von Roseggers Geburtshaus zum Haueregg, 1306 m 20
[2] Durch den Windpark am Steinriegel, 1577 m 23
[3] Im Windpark Pretul zum Stuhleck, 1782 m 26
[4] Fischbach, Teufelstein, 1498 m, und Schanzsattel, 1171 m 29
[5] Kaltwiesenhütte, 1384 m, und Hochwechsel, 1743 m 32
[6] Von Schwaighof, 760 m, zum Hilmtor, 982 m 35
[7] Der „Kraftpfad" im Joglland: Wenigzell–St. Jakob im Walde 37
[8] Rundtour um die Wildwiesen, 1254 m 40
[9] Stift Vorau, „Sub Terra" und Erzherzog-Johann-Höhe, 792 m 43

Naturpark Pöllauer Tal

[10] St. Pankraz, Pongratzer Kogel und Masenberg, 1261 m 46
[11] Pöllau und Pöllauberg, 753 m – ein Naturpark-Erlebnis 49

Hartberger Land

[12] Über den Ringkogel, 789 m, zum weitum schönsten Schaugarten 52

Naturpark Almenland • Weizer Bergland

[13] Sommeralm, Plankogel, 1531 m, und die Siebenkögel 55
[14] Der „Vogelbeer-Panoramaweg" im Naturpark Almenland 58
[15] Rauchstubenhaus, Hoher Zetz, 1264 m, und Wittgruberhof, 904 m 61
[16] Dürntaler Höhe, 1060 m, und Gösserwand, 1030 m 65
[17] Grasslhöhle, 740 m, und Katerloch, 900 m 68
[18] Kleine Raabklamm, 405 m–505 m 71
[19] Durch die Große Raabklamm – hin und zurück 74
[20] Über Mortantsch und Göttelsberg nach Weiz 79

Apfelland • Stubenbergsee • Feistritztal

[21] Rundtour am Rabenwaldkogel, 1280 m 82
[22] Heiliges Grab, Kranzl und die Geierwand, 636 m 85
[23] Maria Fieberbründl und Schielleiten 88
[24] Apfeldorf Puch, der Kulm, 975 m, und das Keltendorf 91

Safental • Thermenland

[25] Am Auffener Turm und Harter Teich 94
[26] Kunst und Natur: Bad Blumau und Leitersdorfberg 96

Inhaltsverzeichnis

Lafnitztal • Thermenland

[27] Burgau, Burgauberg und der „Kuruzzenweg" 100

MITTLERE OST-STEIERMARK • VULKANLAND UND THERMENLAND

Rittscheintal

[28] Markt Hartmannsdorf und Ulrichsbrunn 106
[29] Therme Loipersdorf und Magland 109

Raabtal

[30] Von St. Margarethen über den Kleeberg, 499 m 112
[31] Der „Vitalweg" in Kirchberg an der Raab 115
[32] Saazkogel, 346 m, und „Paldauer Höhepunkte" 119
[33] Auf dem „Fünf-Elemente-Weg" um Wörth 122
[34] Edelsbacher Wanderwege 125
[35] Wanderwege zu Planeten, Himmel und auf Erden.....................129
[36] Hatzendorfer „Weinweg" und Grillberg, 354 m......................133
[37] Kunst und Panoramen in Hatzendorf 137
[38] Die Hatzendorfer „Imker-Meile" 140
[39] Raabtal, Riegersburg und Schokowelt 144
[40] Geo-Trail und Wanderwege um Kapfenstein 149

SÜDLICHE OST-STEIERMARK • VULKANLAND UND THERMENLAND

Hügelland

[41] Gleichenberger Bahn-Wanderweg und Styrassic-Park 154
[42] Der „Kaskögerlweg" punktet im Vulkanland 159
[43] Freilichtmuseum Trautmannsdorf und Lindenkapelle 163
[44] Albrechtshöhe, 390 m, und Gleichenberger Kogel, 598 m 167
[45] Hochstraden und die Vulkanlandwarte, 479 m 171
[46] St. Anna am Aigen und der „Weinweg der Sinne" 174
[47] Ab Stainz bei Straden in den „Weg der Kunst" 177
[48] Der „Lebenskraftweg" um Straden 181
[49] Ein Dreiklang: Tieschen, das „Tau" und der Weg der Riede 185
[50] Von Deutsch Haseldorf auf den Königsberg, 462 m...................189
[51] Klöcher „Traminerweg" 192
[52] „Wein- und Turmweg" in St. Peter am Ottersbach 198
[53] „Wein- und Mühlenweg" in St. Peter am Ottersbach..................202

Mur-Grenzraum

[54] Bad Radkersburg, Parktherme und Au-Rundweg 206
[55] Von Mureck – flussaufwärts – nach Spielfeld......................211

Stichwortregister 216

Vorwort

Aussicht von der „Kleeberg-Warte" in Richtung Gleisdorf, Rabenwald und Weizer Kulm

Vorwort

Im Überbegriff „Steiermark" verschmelzen äußere und innere Werte von zeitloser Güte: Es ist der gute Ruf, welcher der Steiermark nachhaltig anhaftet, mitgetragen vom Prädikat „Österreichs schönstes Bundesland".

Im Begriff „Ost-Steiermark" vereinen sich Almenland und Apfelland sowie Bergland, Hügelland, Joglland, Thermenland, Vulkanland und Weinland, gesamtheitlich teils alpin, teils pannonisch beeinflusster Natur- und Kulturraum.

Die darin situierten Destinationen motivieren Ausflugsgäste aller Schuhgrößen: Hoch im Kurs steht „Wandern", das Freizeit-Segment Nummer eins. Familien, Gruppen, Cliquen, Freundeskreise bewegen sich gern – aus eigener Kraft – in Natur Umgebung. Manch ein Wanderstrecken-Abschnitt wird von einer zweiten, dritten, mitunter gar vierten Wanderroute überlagert, wenn Wanderwegenetze derart dicht angelegt scheinen.

Die Ost-Steiermark ist eine vielgestaltige Landschaft: In Nord-Süd-Richtung breiten sich, dicht gestaffelt und jeweils wohlgefällig geformt, Naturräume und Kulturräume. Durch das Almenland, die Fischbacher Alpen und in Richtung mittleres Mürztal verläuft, ähnlich einer Hauptschlagader, der „06 Maria-

Vorwort

zellerweg". Hingegen überziehen im Landesbezirk Südost-Steiermark (SO) mit der Nummer 786 bezeichnete Wanderwege – thematisiert als „Kopfspur", „Handspur", „Fußspur", „Rückgrat", „Spirituelles Dach" u.a. – insbesondere die Vulkanland-Region. Eine breite Motivation zum „Wandern" ist landesweit fühlbar, ist doch die Ost-Steiermark wortecht ein Genuss-Land.

Mancherorts besteht Ergänzungsbedarf bei Leiteinrichtungen. Ab wann wird, beispielsweise, in den Fischbacher Alpen das Wanderwegenetz gesamtheitlich zeitgemäß beschildert sein?

Das Netz der Wanderwege in der Ost-Steiermark reicht aus den Kammbereichen des Oststeirischen Randgebirges (Fischbacher Alpen, Wechsel) sowie aus dem Weizer Bergland samt dem Almenland – entlang stattlicher Hügelreihen und fruchtbarer Talböden – in die Ebenen des Murfeldes zwischen Spielfeld und Bad Radkersburg. Inmitten der Mur – des „längsten Flusses Österreichs" – verläuft die Staatsgrenze.

Vielerorts in der Ost-Steiermark tummeln sich, während aller Jahreszeiten, Gäste sowohl aus ganz Österreich als auch aus Nachbarstaaten. Umso mehr gilt unser Wunsch: Mögen Landschafts-Träume wahr werden in all den eingangs erwähnten Landschafts-Räumen.

Willkommen zum Wandern in der Ost-Steiermark.

Günter und Luise Auferbauer   Graz, im Frühjahr 2020

Allgemeine Hinweise

Zum Gebrauch des Führers
Die Routen sind in allgemein empfehlenswerter Gehrichtung beschrieben. Je nach Interessen kann die beschriebene Strecke auch in der Gegenrichtung begangen werden, eventuell kombiniert werden mit Varianten bzw. Tipps.

Anforderungen und Weg-Charakteristik
Die genannten Wanderstrecken sind grundsätzlich einfach und gefahrlos begehbar. Regen, Schnee, Eis, Nebel oder nasser Boden schaffen jeweils besondere Wegverhältnisse. Oberhalb der Waldgrenze können Erschwernisse hinzukommen.
Ausreichende Kondition ist eine generelle Voraussetzung.
In jedem Fall müssen Wandergäste auf sie zukommende Gefahren – beispielsweise Nebel – erkennen und zu ihrer eigenen Sicherheit reagieren.
Wege, die bei Schlechtwetter begangen werden, erfordern besonders gute Ortskenntnisse und zusätzlich ein sehr gutes Orientierungsvermögen, wie z.B. bei den Touren 1–3, wo zusätzlich auf Wind und Wetter zu achten ist.

Um die jeweiligen **Anforderungen** unter normalen Verhältnissen besser einschätzen zu können, sind sie mit Symbolen in entsprechenden Farben dargestellt. Diese erklären sich wie folgt:

- Allgemein einfach begehbare Wanderstrecke.
- Strecken dieser Kategorie sollen grundsätzlich nur von umsichtigen, ausdauernden Bergwanderern begangen werden.
- Die **Höhenmeter**-Angaben beziehen sich allgemein jeweils auf Anstiege und inkludieren etwaige Gegensteigungen.
- Neben diesem Symbol ist die **Weglänge** in Kilometern angegeben.

Gehzeiten
Die Zeitangaben beziehen sich auf die reine Gehzeit beim Anstieg bzw. Abstieg; die Gesamtzeiten sind aufgerundet. Berechnungsgrundlage: Eine Stunde Gehzeit pro 400 Höhenmeter Anstieg bzw. 4 km halbwegs ebenen Weges. Speziell im

Waldgelände verlängern sich jedoch die Gehzeiten mitunter erheblich, insbesondere auch infolge von eventuellen Gegensteigungen.

Unterwegszeiten

Bitte beachten: Jedes Abschätzen des Zeitbedarfs ab dem Ausgangspunkt bis zum Endpunkt soll einen „Zeitpolster" enthalten. Gehzeiten und Unterwegszeiten können erheblich differieren. Das klingt zwar logisch, jedoch wird in der Realität dieselbe Logik zu oft ausgeblendet. – Vorsicht! Insbesondere im alpinen Gelände können infolge zu gering kalkulierten Zeitbudgets fatale Ereignisse eintreten. Bergrettungsleute sind Zeugen.

Im Wanderweggelände kann als Faustregel gelten: Gehzeit plus 20 % Verlängerung ergibt die voraussichtliche Unterwegszeit. Beispielsweise werden zu drei Stunden Gehzeit rund 35 Minuten „Zeitpolster" hinzugerechnet. Die Summe aus Gehzeit plus Zeitpolster ist die „Unterwegszeit". Aber auch diese ist nur ein Richtwert.

Wer auf Themenwegen Schautafeln und Infopunkte genau wahrnehmen will – worin ja der Sinn solcher Weganlagen besteht –, möge im Voraus bedenken, dass die Unterwegszeit auch doppelt so lange währen mag wie die im Diagramm ablesbare Gehzeit.

Ausrüstung

Je nach Strecke und Wegverhältnissen sind Wander- oder Bergschuhe zu empfehlen. In jedem Fall kommen vorsorglich in den Rucksack: Regen-, Wind- und Kälteschutz, eine kleine Apotheke, Sonnenschutz, Tourenproviant und – anstelle von Dosen – eine leichte, nachfüllbare Trinkflasche.

Bitte mithelfen: die Umwelt sauber halten

Dort oder da gemahnen Tafeln: „Haltet die Berge sauber". Selbstverständlich! „Jausenpapierl", Verschlüsse und ähnlicher Restmüll werden im Tal – ordnungsgemäß – entsorgt.

Wandern mit Kindern

Grundsätzlich eignen sich alle in diesem Wanderführer vorgestellten Touren auch für Kinder. Zu berücksichtigen sind jedoch Weglängen, Gehzeiten und Höhenunterschiede als wesentliche Kriterien, damit Kinder an der ihnen jeweils zugemuteten Wanderung entsprechend Freude haben.

Karten
Zur besseren Übersicht im jeweiligen Gebiet dienen, jeweils im Maßstab 1:50.000, folgende Freytag-&-Berndt-Wanderkarten:
- WK 021 „Fischbacher Alpen – Roseggers Waldheimat – Mürzzuschlag";
- WK 131 „Grazer Bergland – Schöckl – Teichalm – Stubenbergsee";
- WK 133 „Graz und Umgebung – Raabklamm – Gleisdorf – Lannach – Stübing";
- WK 412 „Südoststeirisches Hügelland – Vulkanland – Bad Gleichenberg – Bad Radkersburg";
- WK 422 „Wechsel – Bucklige Welt – Bernstein";
- WK 423 „Steirisches Thermenland – Südliches Burgenland – Steirisches Vulkanland".

Beste Jahreszeit
Grundsätzlich sind alle Wandervorschläge während aller Jahreszeiten nachvollziehbar, freilich, angepasst jeweils der Witterung und der Höhenlage.
Speziell im Herbst – zur „hohen Wanderzeit" – offeriert sich die gesamte Ost-Steiermark als ein Dorado für Wanderer. Zusätzlich gibt es regionale „Spitzenzeiten" samt adäquaten Besucherscharen: beispielsweise in Puch bei Weiz während der „Apfelblüte" und im Pöllauer Tal zur sogenannten „Hirschbirn-Wanderzeit".
(Anmerkung: Die „Herbstbirne" vulgo „Hirbschtbirn" wurde und wird im Tourismus medienwirksam zur „Hirschbirn" verballhornt.)

Einkehr und Unterkunft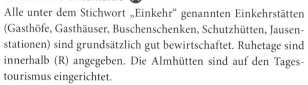
Alle unter dem Stichwort „Einkehr" genannten Einkehrstätten (Gasthöfe, Gasthäuser, Buschenschenken, Schutzhütten, Jausenstationen) sind grundsätzlich gut bewirtschaftet. Ruhetage sind innerhalb (R) angegeben. Die Almhütten sind auf den Tagestourismus eingerichtet.

Zugang von Hofstätten zum Freilichtmuseum Trautmannsdorf (FMT)

Die Ost-Steiermark …

… erstreckt sich, in Nord-Süd-Richtung, über eine Luftlinien-Distanz von rund 100 Kilometern, konkret vom Höhenzug der Fischbacher Alpen über das Oststeirische Hügelland in das Murfeld und zur Staatsgrenze Österreich/Slowenien im Grenzraum der Mur zwischen Spielfeld und Bad Radkersburg, der „südöstlichsten Ecke der Steiermark".

In West-Ost-Richtung erstreckt sich die Ost-Steiermark mit jeweils durchschnittlich 50 Luftlinien-Kilometern aus dem Naturpark Almenland zur Landesgrenze Steiermark/Niederösterreich – entlang des Wechselgebirges – sowie an die Lafnitz (Landesgrenze Steiermark/Burgenland) und an das mäanderreiche Grenzbächlein namens Kutschenitza, wo die Staatsgrenze Österreichs an Slowenien stößt.

Im Relief der Ost-Steiermark entwässern alle namhaften Flüsse und Bäche in Nord-Süd- bzw. Nord-Südost-Richtung. Die Ilz, die Feistritz, die Safen und auch die Lafnitz münden jeweils in die Raab; diese fließt durch Westungarn und mündet an der Stadt Györ (= Raab) in die Donau. Hingegen entwässern alle südlich des Raabtales abfließenden Bäche, wie beispielsweise der Mettersbach, der Saßbach, der Gnasbach und auch das

Grenzbächlein Kutschenitza, in die Mur: Diese verläuft nach der Grenzstadt Bad Radkersburg auf slowenischem Boden, entwässert das Übermurgebiet (Prekmurje) und mündet auf kroatischem Territorium, konkret östlich des Dorfes Legrad, in die aus Südtirol, Kärnten und Slowenien heranwogende Drau. Im Relief der Ost-Steiermark dominiert das Oststeirische Hügelland; dessen Hänge und Höhenrücken stellen sich als insgesamt üppig gedeihendes Kulturland dar. Die vom Almenland über das Apfelland sowie aus der Energieregion über das Vulkanland in das Radkersburger Teich- und Hügelland reichende Landschaft hält, was deren regionale Namen versprechen: gleichermaßen hohen Lebensstandard und Erholungswert.

Der alpine Landschafts-Charakter beschränkt sich auf das Oststeirische Randgebirge: Zu diesem gehören die Fischbacher Alpen (höchster Gipfel: Stuhleck, 1.782 m) und das Wechselgebirge (Hochwechsel, 1.743 m).

Wandern in der Ost-Steiermark lohnt während aller Jahreszeiten.

Verwaltungsbezirke in der Ost-Steiermark
- Hartberg-Fürstenfeld (Autokennzeichen HF),
- Südost-Steiermark (SO),
- Weiz (WZ) und
- Leibnitz (LB), mit den Gemeinden Straß und St. Veit am Vogau.

Die Weinlaube bei der ehemaligen Buschenschank Fink (Tour 48)

Wandertourengebiete

Nördliche Ost-Steiermark
Touren 1–9: Fischbacher Alpen, Hochwechsel, Joglland
Touren 10–11: Naturpark Pöllauer Tal
Tour 12: Hartberger Land
Touren 13–20: Naturpark Almenland, Weizer Bergland
Touren 21–24: Apfelland, Stubenbergsee, Feistritztal
Touren 25–27: Safental, Lafnitztal

Mittlere Ost-Steiermark • Region Thermen- und Vulkanland
Touren 28–29: Rittscheintal
Touren 30–40: Raabtal

Südliche Ost-Steiermark • Region Thermen- und Vulkanland
Touren 41–53: Hügelland und Weinland
Touren 54–55: Grenzraum Mur

„Auf den Spuren der Vulkane"
Dieses derart benannte Wegenetz enthält thematisierte Wanderwege, beispielsweise bezeichnet als „Handspur", „Kopfspur", „Rückgrat" usw.

Der Seidlkeller liegt am „Weinweg der Sinne"

Informationen und Adressen (Auswahl)

Apfelblüte am „Kunst-Panorama-Weg" in Hatzendorf

Informationen und Adressen (Auswahl)

Naturpark Almenland Fladnitz an der Teichalm;
Tel. +43 3179 23000; www.almenland.at
Oststeiermark-Tourismus St. Johann bei Herberstein;
Tel. +43 3113 20678; www.oststeiermark.com
Region Bad Gleichenberg Bad Gleichenberg;
Tel. +43 3159 2203; www.bad-gleichenberg.gv.at
Steirisches Vulkanland Bad Radkersburg;
Tel. +43 3152 8380; www.vulkanland.at

Thermen in der Ost-Steiermark
H2O-Hotel-Therme-Ressort Sebersdorf
Tel. +43 3333 22144; www.hoteltherme.at
Heiltherme Bad Waltersdorf
Tel. +43 3333 5001; www.heiltherme.at
Rogner-Bad Blumau
Tel. +43 3383 51000; www.blumau.com
Thermalquelle Loipersdorf
Tel. +43 3382 82040; www.therme.at
Das Kurhaus Bad Gleichenberg
Tel. +43 3159 22944001; www.daskurhaus.at
Parktherme Bad Radkersburg
Tel. +43 3476 26770; www.parktherme.at

Informationen und Adressen (Auswahl)

Wandern mit Auto, Bus und Zug

Insbesondere die Touren 12, 13, 18–20, 26, 30–32, 36–39, 41–44 und 55 können mit öffentlichen Verkehrsmitteln kombiniert werden.

Park-and-Ride-Plätze (P+R) ermöglichen Autonutzern, an solcherart ÖV-affinen Touren teilzunehmen: im Sinne von „Wandern mit Auto, Bus und Zug".

Vorteilhaft ist folgende Anwendung von P+R samt Bus oder Zug: Um als autofahrender ÖV-Nutzer auch tagsüber stressfrei zu bleiben – das heißt, nicht an den Rückfahrt-Fahrplan denken zu müssen –, nutzt man das öffentliche Verkehrsmittel besser zur Hinfahrt bzw. zur Fahrt an den Ausgangspunkt und erreicht am Ende der Wandertour den Park-and-Ride-Platz (P+R).

Angebotsverbesserungen zum Wochenend-Freizeitverkehr in Weiz und Umgebung

RegioBusse 200/201: Neben größeren Angebotsausweitungen unter der Woche steht an Samstagen, Sonn- und Feiertagen ein Stundentakt zwischen Weiz und Graz zur Verfügung. Die Busse verkehren wechselweise über Mitterdorf (RegioBus 200) und über Gschwendt (RegioBus 201).

RegioBus 202 und S-Bahn S 31: Der RegioBus 202 bedient die Linie Gleisdorf–Weiz–Gleisdorf an Sonn- und Feiertagen im Zwei-Stunden-Takt.

An Samstag-Nachmittagen verkehren zwei S-Bahn-Zugpaare auf der Linie Gleisdorf–Weiz–Gleisdorf. Am Bahnhof Gleisdorf gibt es jeweils Anschlüsse Richtung Graz.

RegioBus 205: An Samstagen, Sonn- und Feiertagen während der Sommerferien verkehrt der RegioBus 205 von Weiz über St. Kathrein am Offenegg, Brandlucken und Sommeralm zur Teichalm (drei Kurspaare).

RegioBus 209: Die neue RegioBus-Linie 209, Weiz–Kaibing–Weiz, bedient von Anfang Mai bis Anfang November Stubenberg und den Tierpark Herberstein (vier bzw. fünf Kurse pro Richtung).

RegioBus 230: Auf der RegioBus-Linie 230 gibt es an Samstagen, Sonn- und Feiertagen zwischen Weiz und Birkfeld ein attraktiviertes Verkehrsangebot. An Samstagen verkehren sechs Kurspaare, an Sonn- und Feiertagen fünf Kurspaare zwischen

Weiz und Birkfeld. In Weiz Anschlüsse mit den Linien 200/201 (jeweils Richtung Graz).

RegioBus 250: Die RegioBus-Linie 250 ist an Samstagen, Sonn- und Feiertagen ganzjährig bis zum Schöcklkreuz verlängert (bisheriger Endpunkt St. Radegund). Infolgedessen sind die steirische Landeshauptstadt Graz und der Kurort St. Radegund bei Graz im Stundentakt verbunden.

Steirischer Verkehrsverbund

Das Verbund-Tarifsystem basiert auf Zonen; darauf abgestimmt ist die Gültigkeitsdauer der jeweiligen Fahrkarte.

SeniorInnen müssen folgenden Tarif-Modus beachten:

A Innerhalb des gesamten steirischen Verbund-Linie-Bereiches werden zur „ÖBB-Vorteilscard Senior" (nur) 38 % Fahrpreis-Ermäßigung gewährt, anstatt der grundsätzlich 50 % Ermäßigung in Zügen und ÖBB-Postbussen.

B Infolgedessen dürfen die ÖBB, innerhalb des steirischen Verbund-Linie-Netzes, keine „Senioren"-Fahrkarten zum Haustarif verkaufen. (Ehemals wurden an Personenkassen, im Internet und an Automaten jeweils 50 % Ermäßigung gewährt für Senioren-Fahrkarten; siehe oben.)

C Im Netz der „Graz Linien" (Verbundzone 101) gilt folgende – öffentlich umstrittene – Tarifbestimmung: SeniorInnen, die keine „ÖBB-Vorteilscard Senior" mit sich führen, zahlen den Vollpreis. → *Siehe Inserat „Freizeit-Ticket" auf Seite 224*

Freizeit-Printprodukte

Die Steirische Verkehrsverbundgesellschaft – kurz genannt „Verkehrsverbund" – editiert Printprodukte zur Förderung ÖV-affinen Freizeitverkehrs: Die Wanderfolder (Umfang allgemein sechs Seiten) und die Freizeitbroschüren (Umfang zumeist 64 bis 72 Seiten) enthalten auch Kartenausschnitte und GPS-Streckenprofile. Die PDF-Dateien und GPS-Tracks können heruntergeladen werden: siehe verbundlinie.at/freizeit. Alle Verkehrsverbund-Printprodukte sind kostenlos erhältlich.

NÖRDLICHE OST-STEIERMARK

[1] Am Alpl von Roseggers Geburtshaus zum Hauereck, 1306 m

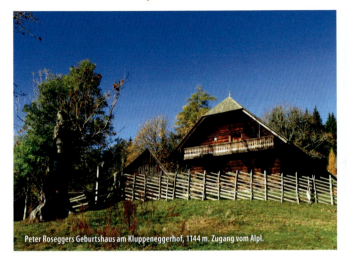

Peter Roseggers Geburtshaus am Kluppeneggerhof, 1144 m. Zugang vom Alpl.

Auf Spurensuche in der „Waldheimat"

„Was soll ich schreiben? Mir fällt nichts ein, auf diesen Bergen voll Sonnenschein, als in Ehrfurcht schweigen und selig sein." Gleichermaßen bescheiden wie einsichtig wertet der steirische Heimatdichter Peter Rosegger (1843–1918) seinen Lebensraum, in welchen er hineingeboren. Ein Lebenstraum war derselbe nicht. Peter Rosegger war ein Zeitzeuge jenes epochalen Umbruchs, als die bis Mitte des 19. Jahrhunderts traditionell gelebte Land- und Forstwirtschaft von der aufstrebenden Industrie überwunden wurde, folglich die Bauernschaft in Schulden und Ausgrenzung versank. Jedoch in ähnlichem Maße, wie das Kleinbauernwesen verebbte, erwuchs romantisch klingender Nachhall, wie beispielsweise anschaulich gemacht im Begriff „Roseggers Waldheimat".

Der touristische Bereich „Alpl" – samt Waldschule, Peter Roseggers Geburtshaus, Wanderwegenetz und Gastbetrieben – ist faktisch nicht ÖV-affin erschlossen. Ein verkehrspolitisch fundiertes Manko. Und dennoch lebt die „Waldheimat" als potenzielles Ausflugsziel fort: Die zumeist gut besetzten Parkplätze sind Zeugen.

Fischbacher Alpen • Hochwechsel • Joglland Tour 1

 4¾ Std. ca. 540 Hm ca. 14,5 km

Ausgangsort: Alpl, 1062 m. Anfahrt: B 72 Weizer Straße; nordseitig von der S 6 Semmering-Schnellstraße, Ausfahrt „Krieglach"; südseitig aus dem Feistritztal über St. Kathrein am Hauenstein.

Ausgangspunkt: Waldschule, 967 m. Zufahrt: von der Kreuzung am Höllkogel (Höllkögerl), 1039 m. Oder Transfer ab dem Bahnhof Krieglach, 614 m, mit Sigi's Taxi bzw. Taxi Almer, Tel. +43 3855 2481.

Charakteristik: Fahrwege, Waldwege. Die Wanderstrecke ist grundsätzlich auch im Winter nutzbar.

Einkehr: „Jausenstube" (R: Mo), im Bereich von Roseggers Geburtshaus. An der „Schutzhütte Hauereck" sporadisch Getränke erhältlich; www.ratten-steiermark.at.

Tipp 1: Kulturdenkmal „Roseggers Geburtshaus"; geöffnet April bis Oktober: www.steiermark.com/rosegger.

Tipp 2: Spazier-Rundstrecke (im Uhrzeigersinn); Waldschule–Zufahrtstraße–Geburtshaus–Waldpfad–Waldschule; Gehzeit ca. 1 Std.

Tipp 3: Wander-Rundstrecke; Waldschule–Großheidenbauer–Steinbachhöhe (1150 m)–Jägerhöhe (1207 m)–Gasthof „Roseggerhof" (1030 m)–Schlagobersbauer-Kreuz (1081 m)–Waldschule; Gehzeit ca. 3 Std.

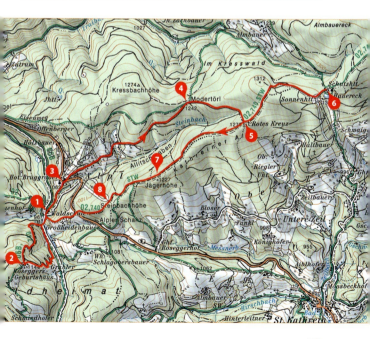

NÖRDLICHE OST-STEIERMARK

Von Peter Roseggers Geburtshaus Richtung Hauereck und „Windpark Steinriegel", 1577 m

Nahe ab der **Alpl-Waldschule** (967 m) ① und den Parkplätzen entlang einer Zufahrtstraße zu Peter **Roseggers Geburtshaus** (1144 m) ②. Das umgebende Grundstück ist frei zugänglich. Info-Stationen, Rastplätze und das insgesamt ansprechend gestaltete Ambiente animieren Gäste, gern längere Zeit zu verweilen. Wer jedoch – wie bei diesem Vorschlag – auch das Hauereck besuchen will, daher auf Waldheimatboden wandern, wird beizeiten auf dem Wanderweg absteigen zur Waldschule. Das nächste Zwischenziel ist der **Waldheimathof** (1062 m) ③. Die Gaststätte ist geschlossen; unwillkürlich keimt Nachdenklichkeit auf: Quer durchs Land schließen Gaststätten.
Ein Fahrweg verbindet zum **Modertörl** (1242 m) ④ und zu einem Wegkreuz, genannt **Rotes Kreuz** (1275 m) ⑤. Von diesem populären Wegpunkt verläuft die Wanderstrecke direkt zur **Sesselbahn-Bergstation am Hauereck** (1306 m) ⑥. Die gleichnamige Schutzhütte ist b.a.w. zwar geschlossen, aber man darf sich im Standortbereich aufhalten.
Der **Rückweg** führt auf gleicher Strecke zum **Roten Kreuz** (1275 m) ⑤, ab hier jedoch geradeaus: über die **Jägerhöhe** (1207 m) ⑦ und die Skilift-Bergstation auf der **Steinbachhöhe** (1150 m) ⑧ zur Weizer Straße. – Beachten! Die Straßenkuppe (1080 m) vorsichtig überqueren. Entlang einer Hofzufahrt abwärts zum Gehöft Großheidenbauer (1050 m) und durch ein Waldstück zur **Alpl-Waldschule** (967 m) ①.

Fischbacher Alpen • Hochwechsel • Joglland   Tour 2

[2] Durch den Windpark am Steinriegel, 1577 m

Der Speichersee auf dem Hauereck

Steirischer Voralpenweg: das erste Höhenstück, Hauereck–Roseggerhaus

Moderne und Historie sind eng benachbart wahrnehmbar auf diesem Kulminationspunkt: Über das rund 1300 Meter hohe Hauereck – dominiert von einer zeitgemäßen Sesselbahn-Bergstation – verlief einst die längste Materialseilbahn Mitteleuropas. Mit ihr wurde im Zeitraum 1923 bis 1960 Kohle transportiert: aus dem Bergbaugebiet Ratten zum 14 Kilometer entfernten Bahnhof Hönigsberg im Mürztal. Die Trasse dieser montanhistorisch bedeutsamen Transportstrecke überquerte von Süd nach Nord die Fischbacher Alpen. Diese sind dem „Randgebirge östlich der Mur" zugeordnet. Innerhalb derselben Gebirgsgruppe verläuft, aus dem Südwesten gegen Nordosten, der zirka 125 Kilometer lange „Steirische Voralpenweg": Er verbindet die steirische Landeshauptstadt Graz, Seehöhe 365 Meter, und den 1523 Meter hohen Sonnwendstein.

Aus dem Voralpenweg-Abschnitt Hauereck–Sonnwendstein erwählen wir zu dieser Wanderung jene Teilstrecke, die den „Windpark Steinriegel-Rattener Alm" enthält. Die beiden Eckpunkte dieser Wanderstrecke, das Hauereck und das Roseggerhaus, liegen jeweils nahe der Waldgrenze und sind jeweils mit einer Straße erschlossen. Aus diesen Zusammenhängen hat sich ein neuer touristischer Aktionismus entwickelt: „Spazieren im Windpark", sonderbarerweise scheinbar bevorzugt entlang des (staubigen) Fahrweges.

Weitaus angenehmer nutzbar ist das ursprüngliche Gehgelände: Also folgen wir beharrlich dem „Steirischen Voralpenweg" dort, wo dessen Trasse auf Naturboden verläuft.

Das „Roseggerhaus" ist der Wendepunkt. Oder vielleicht doch schon das Gipfelkreuz auf dem Steinriegel? Kurzum, hier oben ist der Weg das Ziel … während aller vier Jahreszeiten und samt aller Zugangsstrecken.

NÖRDLICHE OST-STEIERMARK

 4 Std. ca. 340 Hm ca. 10 km

Talorte: St. Kathrein am Hauenstein, 820 m; Ratten, 766 m; Rettenegg, 862 m.
Anfahrt: B 72 Weizer Straße, aus dem Mürztal über Krieglach und das Alpl; aus dem Feistritztal über Weiz, Anger, Birkfeld; L 117 Pfaffensattelstraße, Steinhaus am Semmering–Fröschnitz–Pfaffensattel–Rettenegg.

Ausgangspunkt: Seilbahn-Bergstation auf dem Hauereck. Zufahrt: von St. Kathrein am Hauenstein zum Gasthof „Willenshofer" und Straßenschranken.

a) Zugang südseitig: 30 Min. ab dem Straßenschranken; 50 Min. ab dem „Liftgasthof Willenshofer" vlg. Hauer, Tel. +43 3173 2335.

b) Zugang nordseitig: 25 Min. ab dem Gasthaus „Almbauer", 1229 m; Familie Faist, Tel. +43 3855 8246. Zufahrt: von Krieglach oder Langenwang, jeweils über Schwöbing (Andreas-Kapelle, 721 m, an der B 72 Weizer Straße) in den Traibachgraben. Oder Transfer mit Sigi's Taxi bzw. Taxi Almer, Tel. +43 3855 2481.

Charakteristik: Fahrwege, Wanderwege. Die Wanderstrecke ist grundsätzlich auch im Winter nutzbar.

Einkehr: Schutzhütte „Roseggerhaus", Tel. +43 664 5155498; www.naturfreunde-huetten.at. Almhütten: „Holda-Hütt'n" und „Steinriegelhütte".

Tipp 1: Auf dem Hauereck stand eine Antriebstation der einst „längsten Materialseilbahn Mitteleuropas", Ratten–Hönigsberg.

Tipp 2: Der „Montan-Lehrpfad" erschließt die Orte St. Kathrein am Hauenstein und Ratten.

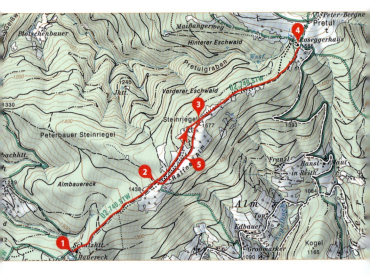

Auf der Rattener Alm, vor dem „Windpark-Zeitalter", Blickrichtung Amundsenhöhe

Nahe des Teiches und der **Schutzhütte auf dem Haupeck** (1306 m) ① weisen zahlreiche Wegtafeln – unterschiedlicher Ausführungen – in die vier Haupthimmelsrichtungen. Der Weg Nr. 02/740 leitet nordostwärts, leicht bergan, zur Waldgrenze und der am Waldrand stehenden **Holda-Hütt'n** (1438 m) ②. In deren Umgebung beginnt der Windpark „Steinriegel-Rattener Alm", auch „Steinriegel-Pretul" genannt: Dessen Windräder reihen sich entlang des baumfreien und landschaftstypischen Höhenrückens bis auf Höhe des Gipfelkreuzes am **Steinriegel** (1577 m) ③. So bescheiden ausgeformt die Felsgebilde sind, erst sie bewirken den Kontrast dieses alpinen Reliefs. Wie zum Greifen nahe scheint das **Roseggerhaus** (1588 m) ④, jedoch der Schein trügt. Umso erholsamer wirkt ein jeder Aufenthalt am Wendepunkt dieser Wanderstrecke.

Rückweg: Entlang der gleichen Strecke bzw. über die **Steinriegelhütte** (1500 m) ⑤ zum **Haupeck** (1306 m) ① und Ausgangspunkt.

[3] Im Windpark Pretul zum Stuhleck, 1782 m

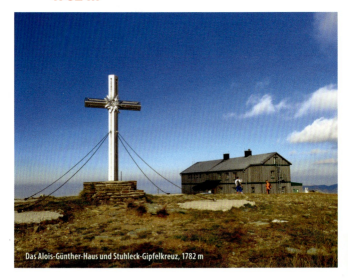

Das Alois-Günther-Haus und Stuhleck-Gipfelkreuz, 1782 m

Steirischer Voralpenweg: das zweite Höhenstück, Roseggerhaus–Alois-Günther-Haus

Die Fischbacher Alpen begrenzen die Ost-Steiermark im Norden. Die beiden Eckpunkte – das Rennfeld und der Pfaffensattel – liegen rund 60 Kilometer voneinander entfernt. Große Teile der weiträumigen, baumfreien Höhenrücken sind mit Windrädern bestückt. Die Österreichischen Bundesforste (ÖBF) ließen solcherart „moderne Windmühlen" im Bereich Amundsenhöhe – Pretul – Geiereck – Grazer Stuhleck – Schwarzriegelmoos errichten. Hingegen gehören die im Bereich Geiereck – Moschkogel platzierten Windräder einer privaten Investorengruppe.

Das Aufstellen der Windräder war von den Bundesforsten touristisch genutzt worden. Gleichermaßen professionell organisiert – und zusätzlich spannend – verliefen die Transporte; einige belebten eventartig das Baugeschehen. An Ort und Stelle informieren Texte und Grafiken zum „Windpark Pretul".

Fischbacher Alpen • Hochwechsel • Joglland   **Tour 3**

 3½ Std. **ca. 400 Hm** **ca. 11 km**

Talorte: Ratten, 766 m; Rettenegg, 862 m. Anfahrt: siehe Tour 2.

Ausgangspunkt: „Roseggerhaus", Tel. +43 664 5155498; www.naturfreunde-huetten.at. Zufahrt auf Mautstraße: ab Ratten oder ab Rettenegg.

Charakteristik: Baumfreier Höhenweg. Die Wanderstrecke ist grundsätzlich auch im Winter nutzbar.

Einkehr: „Alois-Günther-Haus", Tel. +43 3853 300; www.aloisguenterhaus.at (Alpenverein-Sektion Edelweiß).

Tipp 1: Rettenegg, Gasthof „Zur Post"–Schutzhütte „Roseggerhaus"; Anstieg 2½ Std.

Tipp 2: „Planetenweg Himmel auf Erden", Teilstrecke Schwarzmoossattel–Rettenegg, Abstieg 2 Std.

Tipp 3: Exkursion ins „Winter!Sport!Museum!" Mürzzuschlag, www.wintersportmuseum.com.

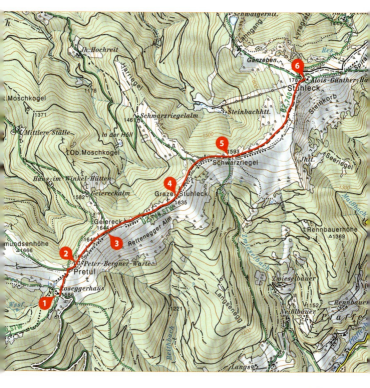

Einheimische sagen „die Pretul" und meinen das **Roseggerhaus** (1588 m) ①. Wenig oberhalb derselben Schutzhütte steht die **Peter-Bergner-Warte** (1653 m) ②: ein kleiner, gemauerter Turm. Dessen Plattform ist frei zugänglich; auf ihr lässt sich der größere Teil dieser Wanderstrecke gut überblicken. Am Weganfang dominieren die Windräder, gereiht von Südwest gegen Nordost. Das **Geiereck** (1644 m) ③ ist bloß eine rasenbedeckte Geländekuppe. Gleicherart geformt ist das **Grazer Stuhleck** (1635 m) ④. Im anschließenden Sattel, zirka 1600 m, endet die Reihe der Windräder. Anschließend führt der Wanderweg am Rand eines kleinflächigen, renaturierten Moores entlang, genannt Schwarzriegelmoos. Die oberhalb liegende Kuppe enthält den höchsten Punkt am „Schwarzriegel", zirka 1615 m. Anschließend breitet sich der **Schwarzriegelsattel** (1593 m) ⑤. Darin mündet der „Planetenweg Himmel auf Erden" ein; dieser leitet aus Richtung Rettenegg heran. Die anschließende Steigung endet nach einem entscheidenden Schritt: Auf dem **Stuhleck** (1782 m) ⑥ stehen das Gipfelkreuz und das „Alois-Günther-Haus" eng beisammen.

Hier oben ereignete sich alpine Historie: Gemeinsam bestiegen am 13. Februar 1892 Max Kleinoscheg (Graz), Toni Schruf (Mürzzuschlag) und deren Freund Walther Wenderich das Stuhleck. Die erste Skitour im Alpenraum ward gelungen. Im Jahr darauf, konkret am 2. Februar 1893, fand in Mürzzuschlag das erste Skirennen in Mitteleuropa statt. Daraus entwickelte sich der Skisport alpenweit, wie im „Wintersportmuseum Mürzzuschlag" dokumentiert.

Rückweg: Auf gleicher Strecke zum **Roseggerhaus** (1588 m) ①.

Am Schwarzriegel, 1615 m, in Richtung Stuhleck, 1782 m

[4] Fischbach, Teufelstein, 1498 m, und Schanzsattel, 1171 m

Die Autoren auf dem Teufelstein, 1498 m

Kalenderstein und Zahlenmystik

Mythen ranken sich um den Teufelstein. Befeuert bis in die Gegenwart vom Trend esoterisch umhauchten Esprits. Die Fama kolportierte, nur noch von Amts wegen bestünde der Teufelstein. Ein ob allen Trubels Erzürnter habe geplant gehabt, den ungefähr drei Stockwerke hohen Felsen zu sprengen. Tatsache ist, der markant geformte kristalline Felsblock wird erstiegen. Ob darin ein Sakrileg bestehe, darf nachgefragt werden. Wissenschaftlich ist erwiesen, der Teufelstein ist ein Kultstein, er diente als Kalenderstein. Als solcher wurde an ihm die Winter-Sonnenwende gefeiert. Der Brauch wurde wiederbelebt, mit hohem Erfolg, wie aktuell an Teilnehmerzahlen wahrnehmbar. Jedenfalls lässt sich ableiten: Der Teufelstein ist ganzjährig ein Ziel.

 5 Std. ca. 700 Hm ca. 15,5 km

Talort: Fischbach, 1000 m. Anfahrt wahlweise: nordseitig (Mürztal) über Kindberg, Schanzsattel; südseitig (oberes Feistritztal) über Weiz, Anger, Birkfeld oder über Traföß/Mixnitz, Breitenau, Straßegg, Gasen.

Ausgangspunkt: Gasthof „Fischbacherhof", am Kirchplatz; www.fischbacherhof.at.

Charakteristik: Nebenstraßen, Forststraßen, Waldwege. Die Wanderstrecke ist grundsätzlich auch im Winter nutzbar.

Einkehr: Alpengasthof „Schanz" (R: Mo); Familie Krenn, Tel. +43 3865 8244; www.alpengasthof-schanz.at. „Teufelsteinhütte", von Juni bis August an Fr, Sa, So.

NÖRDLICHE OST-STEIERMARK

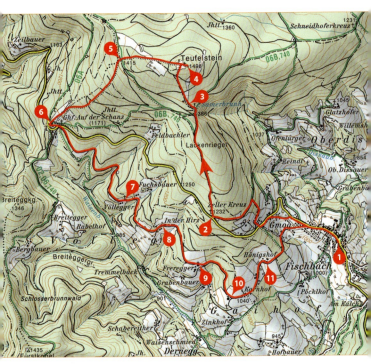

Aus der Ortsmitte von **Fischbach** (1000 m) ① entlang der Schanzsattel-Straße zum Ortsteil „Untere Gmoa", 1100 m. Hier überquert man die Straße. An der Zufahrt des Gehöftes Eichtinger („Urlaub am Bauernhof") weist eine gelbe Pfeiltafel zum **Zellerkreuz** (1232 m) ②; von diesem markanten Wegpunkt verbindet eine Forststraße zu einem Wegkreuz, 1310 m, anschließend zur **Teufelsteinhütte** (1400 m) ③. Nun öffnet sich das Waldgelände. Der Anblick überrascht: Wie von mächtiger Hand hingestellt, dominiert der **Teufelstein** (1498 m) ④ den Almweidegrund. Das Gipfelkreuz – es steht ein wenig abseits, am Waldrand – ist zugleich der Vermessungspunkt.

Der **Abstieg** verläuft entlang der Wegbezeichnung „Teufelsteinrunde" und leitet, auf Waldboden, westseitig zu einer **Weggabel** (1415 m) ⑤. Anschließend durchquert man Waldgelände, erreicht daraus eine Skilift-Trasse und an deren unterem Ende, nahe am historisch bedeutsamen Schanzsattel, den stattlichen

Alpengasthof Schanz (1171 m) ⑥. Dieser wird von der Familie Krenn bodenständig geführt, umso größer ist – verständlicherweise – die Versuchung, hier „anzusitzen". Wallfahrer schätzen „die Schanz" zusätzlich: als idealen Stützpunkt am Weg Richtung Mariazell.

Was sein soll, soll gleich geschehen: Der **Rückweg** entpuppt sich als eine Strecke mit Gegensteigungen. Jene Tafel mit dem Hinweis „Fischbach 9b 2 Std." gibt die Richtung vor. Die Forststraße leitet – durch Waldgelände – zu einem Hubertuskreuz und zum **Gehöft Völlegger** (1090 m) ⑦, anschließend halbwegs eben in den **Weiler Hirz** (1100 m) ⑧. Fühlbare Einsamkeit lastet über dem waldreichen Waisengraben. Zum Glück gehen wir hoch oberhalb des Grabengrundes, noch dazu an der Sonnseite, jedoch bergan und bergab zur **Freregger-Kapelle** (1080 m) ⑨. Mit jedem Schritt weitet sich das Gelände. Ab der **Kapelle beim Gaihof** (1040 m) ⑩ wird Zielnähe erahnbar. Das Gefühl des Näherkommens verstärkt sich ab dem **Gehöft Kerschenbauer vlg. Hönigshof** (1040 m) ⑪ und wird im Ortsteil „Untere Gmoa" zur Gewissheit: Schon gehen wir in den Ort **Fischbach** (1000 m) ①.

Am Teufelstein-Rundweg, Ausblick Richtung „Windpark Hochpürschtling", 1491 m

NÖRDLICHE OST-STEIERMARK

[5] Kaltwiesenhütte, 1384 m, und Hochwechsel, 1743 m

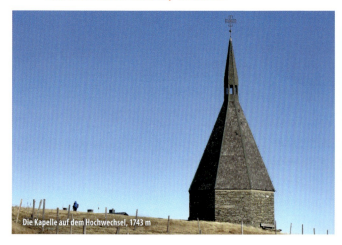
Die Kapelle auf dem Hochwechsel, 1743 m

Der „Zaunmachersteig" ermöglicht eine schlanke Rundwanderstrecke

Der Hochwechsel – das höchste Ziel in diesem Wanderführer – ist auch mit einer Straße erschlossen. Wahrnehmbar an den Autos im Gipfelbereich. Ein latenter Widerspruch. Dennoch. Wer den Hochwechsel aus eigener Kraft erreicht, erfühlt Freude, so stark wie der Puls. Dass der Hochwechsel 360-Grad-Panoramen freigibt zu immens umfassenden Rundschauen – konkret über weite Teile der Steiermark und des Burgenlandes, zusätzlich über Westungarn und das südliche Niederösterreich –, koppelt an eine Grundvoraussetzung: Am

Der Weitwanderweg Nr. 07 leitet von der Kaltwiesenhütte zum Hochwechsel. Im Blickfeld rechts der Niederwechsel, 1669 m.

Fischbacher Alpen • Hochwechsel • Joglland   **Tour 5**

Hochwechsel sollen gute Wetterbedingungen herrschen, insbesondere dann, wenn Ausflugsgäste dem „Zaunmachersteig" folgen wollen.

 3 Std.   ca. 380 Hm   ca. 8,5 km

Talort: Mönichwald, 574 m. Anfahrt: A 9 Südautobahn, Ausfahrt „Hartberg" oder „Friedberg/Pinggau" und B 54 Wechselstraße; von Rohrbach an der Lafnitz auf der L 416 Waldbacherstraße. Oder aus dem Mürztal (S 6 Semmering-Schnellstraße) ab Krieglach (B 72 Weizer Straße) über Alpl, St. Kathrein am Hauenstein, Ratten, St. Jakob im Walde, Waldbach. Aus dem oberen Feistritztal (B 72) über Strallegg, Wenigzell, Waldbach.

Ausgangspunkt: Kaltwiesenhütte, Mai bis Oktober; Maria Gessl, Tel. +43 664 1107440; www.waldbach-moenichwald.gv.at.
Zufahrt: über Gasthof „Schwengerer". Oder ab Waldbach, über Breitenbrunn und Gemeindekreuz („Gmoa-Eben").

Charakteristik: Überwiegend Naturboden; die abwärts führende Strecke ist unbezeichnet. Die Wanderstrecke ist grundsätzlich auch im Winter nutzbar.

Einkehr: Wetterkoglerhaus, geöffnet Mitte Mai bis Mitte November; www.alpenvereinaktiv.com.

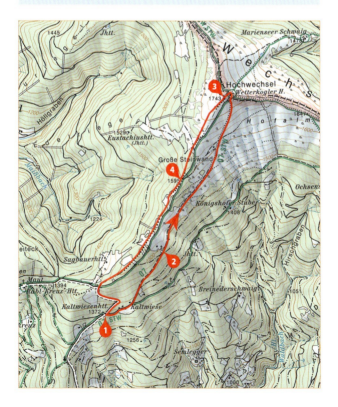

Ab der **Kaltwiesenhütte** (1372 m) ① leitet der Weitwanderweg Nr. 07 bzw. 907 unfehlbar bergwärts. Erwähnenswert ist das ausgesprochen angenehm wirkende Übergangsgelände zwischen dem Waldbereich und den Almhängen: wahrnehmbar am Standort des von der Berg- und Naturwacht errichteten **Wegkreuzes** (1500 m) ②. Im Almbereich fallen die rot-weiß-roten Farbmarken auf; die derart markierten Steine stehen aufrecht und ermöglichen – auch bei ungünstigen Wetterbedingungen – verlässliches Orientieren.

Auf dem **Hochwechsel** (1743 m) ③ repräsentieren drei Objekte gemeinsam den großflächigen Gipfelbereich: Die Gedenkkapelle, sie wurde vom Grazer Architekten Kurt Weber-Mzell geplant, wirkt wie eine Landmarke. Das Wetterkoglerhaus – eine Schutzhütte des Österreichischen Gebirgsvereins – hat den Status eines „Wolkenhauses". Inmitten beider Bauwerke steht das schlicht ausgeführte Gipfelkreuz.

Der **Abstieg** generiert Neugierde: Woran wird die Strecke erkennbar sein? Eindeutig: am Zaun. Dieser leitet südwestseitig abwärts zu einem Aussichtspunkt, genannt **Große Steinwand** (1640 m) ④. Entlang desselben Zauns verläuft die Bezirksgrenze, konkret zwischen Bruck-Mürzzuschlag (BM) und Hartberg-Fürstenfeld (HF). Wo der Steigverlauf an die Straße drängt, bleibt man dennoch rechts von dieser: Auf dem „Zaunmachersteig" überquert man eine Felsgruppe. Die Romantik endet in 1460 Meter Höhe: Aus der Kreuzung, 1460 m, folgt man der südseitig verlaufenden Straße zur **Kaltwiesenhütte** (1372 m) ①. An ihr klingt diese Wandertour nachhaltig aus.

Vom „Zaunmachersteig" an der Steinwand, 1640 m, Rückblick zum Hochwechsel, 1743 m

[6] Von Schwaighof, 760 m, zum Hilmtor, 982 m

Laut amtlicher Landesvermessung liegt der Sattel „Hilmtor" in 982 m Seehöhe

Fern-Sehen auf Pannonien

Der schmucke Ausgangsbereich ermöglicht eine wortecht noble Perspektive: Über das Pinkatal blickende Augenpaare streifen zugleich den weiten pannonischen Raum. Darin bildet die mäanderreiche Lafnitz, ab dem gleichnamigen Ort bis zur Dobersdorfer Mühle (auf Höhe von Loipersdorf), die Landesgrenze zwischen dem südlichen Burgenland und der Südost-Steiermark. Der Kontrast: Oberhalb von Schwaighof, gegen Nordwesten und Nordosten, tasten Augenpaare all die weitläufigen Bergrücken und Hügelketten ab, deren Reliefs das Wechselland derart anmutig erscheinen lassen.

 3 Std. ca. 240 Hm  ca. 8,5 km

Ausgangsort: Schwaighof, 760 m. Anfahrt: von der A 2 Südautobahn, Ausfahrt „Friedberg/Pinggau"; B 54 Wechselstraße.

Ausgangspunkt: Gasthaus „Panoramastüberl", Tel. +43 664 4530267. Zufahrt: von der Stadt Friedberg, ca. 3 km.

Charakteristik: Flurstraßen, Forststraßen, Naturboden. Die Wanderstrecke ist grundsätzlich auch im Winter nutzbar.

Tipp: Stadtspaziergang im historischen Friedberg (Stadt-Partnerschaft mit dem schwäbischen Friedberg, östlich von Augsburg).

In Schwaighof ab dem **Panoramastüberl** (760 m) ① zur Ortsende-Tafel. Der Wanderweg Nr. 927 leitet entlang von Wiesenflächen und durch Waldgelände zum Wegkreuz am **Weiler Drei Häuser** (960 m) ②; Joga-Park. Eine halbwegs ebene Asphaltstraße verbindet zu einem breiten Geländesattel, genannt das **Hilmtor** (997 m) ③. Darin gabeln sich mehrere Wanderstrecken.
Rückweg: Die Wegnummer 11 und zwei Tafeln weisen Richtung „Wagnerkreuz". Die durch Wald führende Straße verläuft über eine schwach ausgeprägte Kuppe. Alsbald danach zweigt man links ab und durchquert, südostwärts bergab, überwiegend Waldgelände. Nach einem Weidezaun, 890 m, erreicht man das Wohnobjekt „Schwaighof 52" und nach einem Quellschutzgebiet das Objekt „Schwaighof 3"; hier talseitig abzweigen: Auf einem Wiesenboden abwärts zum „Bartlkreuz", 840 m. Davon wenig unterhalb steht das **Wagnerkreuz** (780 m) ④. Dessen Inschrift ermuntert: „Mach's wie die Berge, wenn die Stürme toben: Steh' fest im Grunde und schau' fromm nach oben." Eine Flurstraße verbindet zur Kapelle in Schwaighof. Abschließend – wie nach sportlicher Weise – bergan zum **Panoramastüberl** (760 m) ①.

[7] Der „Kraftpfad" im Joglland: Wenigzell–St. Jakob im Walde

Der „Kraftpfad", Wenigzell – St. Jakob im Walde, repräsentiert das Relief des Jogllands

Dieser Themenweg spannt einen Bogen von der Kraft der Sterne zur Kraft der Zukunft

Dieser Themenweg – er besteht seit anno 1999 – verbindet die beiden „Kraftspende-Dörfer" Wenigzell und St. Jakob im Walde. Entlang der punktuell bildschönen Wanderstrecke erläutern 15 Stationen die Kraft: jene der Sterne, der Erde, des Lebens, des Wortes, des Bodens, der Träume, der Mythen, des Geistes sowie der Unsterblichkeit; zusätzlich jene der Zeit, der Liebe, des Glaubens, der Vernunft, der Heimat und der Zukunft. Die nämlichen 15 Infopunkte dehnen die Gehzeit in eine mitunter erheblich längere Unterwegszeit. Der „Kraftpfad" ist speziell beschildert.

Im Joglland. Hochsitz am „Kraftpfad", Weg Nr. 913, Gehrichtung St. Jakob im Walde – Wenigzell.

NÖRDLICHE OST-STEIERMARK

 4 Std.   ca. 450 Hm   ca. 12,5 km

Ausgangsort: Wenigzell, 831 m. Anfahrt: von der A 2 Südautobahn; Ausfahrt „Hartberg" oder „Friedberg/Pinggau"; B 54 Wechselstraße. Oder aus Richtung Feistritztal bzw. Mürztal, siehe Tour 5.

Ausgangspunkt: „Mein Hotel Fast", Tel. +43 3336 2202; www.hotel-fast.at. Kompetente Beratung zu Wanderungen und Spaziergängen. Zufahrt: von Miesenbach bei Birkfeld oder von Ratten, Strallegg, Vorau, Waldbach.

Charakteristik: Flurstraßen, Flurwege, Waldwege. Die Wanderstrecke ist grundsätzlich auch im Winter nutzbar.

Einkehr: Gaststätten in St. Jakob im Walde.

Tipp 1: Spaziergang im „Barfußpark Wenigzell"; drei Strecken, insgesamt 30 Stationen.

Tipp 2: Ausstellung in St. Jakob im Walde; www.kraeftereich.at. Zusätzlich der „Europapark".

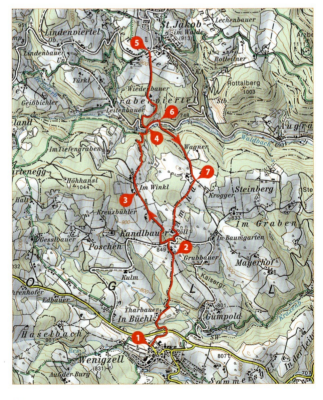

Die Wanderung auf dem „Kraftpfad" beginnt inmitten von **Wenigzell** (831 m) ①. Ab dem Gästehaus „Rosa" folgt man der abwärts führenden Straße, unterquert die Umfahrungsstraße, erreicht eine Brücke und anschließend das Gehöft vulgo Tharbauer. Ab hier öffnet sich Kulturlandschaft. Darin verbindet eine bildschöne Birkenallee zur Kapelle beim **Atelier Kroisleitner** (840 m) ② im Siedlungsgebiet „Am Rain". Nach den beiden Kraftpfad-Stationen „Träume" und „Mythen" nimmt man einen **Rastplatz** (890 m) ③ wahr, nebenan die Gehöft-Adresse „Sommersgut 71". Der „Kraftpfad" leitet abwärts und im Grabengrund über den **Waldbachsteg** (780 m) ④. Von hier bergan zu den Kraftpfad-Stationen „Liebe", „Glaube", „Vernunft". Beim Gehöft Klement vulgo Wiedenbauer erweckt ein Gedenkkreuz unsere Aufmerksamkeit; es generiert die Frage: Gibt es nicht auch eine „Kraft des Todes"? Unweit davon lesen wir nach zur „Kraft der Heimat". An der Soldaten-Gedenkstätte in **St. Jakob im Walde** (913 m) ⑤ liegt der Wendepunkt dieser Strecke.

Der **Rückweg** leitet abwärts zum **Waldbachsteg** (780 m) ④ und zur **Waldbachbrücke** (760 m) ⑥. Der Weg Nr. 913 führt uns bergan, durch einen Waldgürtel, in das auf Kuppen liegende Kulturland „Am Rain". Vom **Wegkreuz** (860 m) ⑦ erreichen wir das Gehöft Pöll und nach einem kurzen Straßenstück das **Atelier Kroisleitner** (840 m) ②. Wir erleben ein zweites Mal die bildschöne Birkenallee. Alsbald erfreuen wir uns an der Einkehrstunde in **Wenigzell** (831 m) ①.

In St. Jakob im Walde, 913 m, wendet der „Kraftpfad" in Richtung Wenigzell

NÖRDLICHE OST-STEIERMARK

[8] Rundtour um die Wildwiesen, 1254 m

Die Wildwiesenkapelle, zirka 1240 m

Auf dem Kultwanderweg – gewidmet Sonne und Mond – zum Aussichtsturm

Der im Gemeindegebiet Miesenbach liegende „Kultwanderweg" ist eine variabel nachvollziehbare Rundstrecke. Der Abschnitt „Sonnenweg" (13 km) enthält 23 Infotafeln, hingegen enthält der 5 km lange „Mondweg" 18 Info-Stationen. Die allesamt illustrierten, populär-wissenschaftlich aufbereiteten Texte informieren zur regionalen Besiedelungsgeschichte, zum gelebten Brauchtum, zu historischen Kultstätten sowie zu lokalen Sagen und Legenden. Die Gesamtstrecke führt, bergan und bergab, um die kultträchtige „Wildwiesen". Auf deren Kulminationspunkt steht der Wildwiesenturm: Die aus verzinkten Stahlteilen gefertigte Aussichtswarte trägt wortecht die „höchste Plattform des Jogllandes".

 3 Std. ca. 280 Hm ca. 10,5 km

Talort: Miesenbach, 827 m. Anfahrt: über Birkfeld oder Pöllau.

Ausgangspunkt: Gasthof „Wildwiesenhof"; Familie Weber, Tel. +43 3174 8222; www.wildwiesenhof.at. Zufahrt über „Kreuzwirt": Von Miesenbach bei Birkfeld oder von Mönichwald, Pöllau, Schloffereck, Strallegg, Wenigzell.

Charakteristik: Flurwege, Fahrwege, Naturboden; spezielle Beschilderung. Die Wanderstrecke ist grundsätzlich auch im Winter nutzbar.

Einkehr: „Wildwiesenhütte", geöffnet Mai bis Oktober (Ruhetage, ausgenommen Sommerferien: Di, Do); www.wildwiesenhof.at.

Tipp: Kurz-Ausflug entlang eines Fahrweges, Wildwiesenhof–Wildwiesenhütte–Wildwiesenturm; 200 Hm; 35 Min.

Fischbacher Alpen • Hochwechsel • Joglland Tour 8

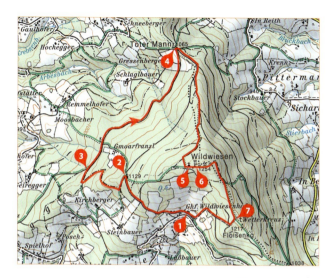

Ab der **Gaststätte Wildwiesenhof** (1080 m) ① verlaufen der Sonnenweg und der Mondweg zunächst parallel. Nach der Station 5 zweigt der „Mondweg" ab (als die kürzere Strecke verbindet er direkt zur Wildwiesenhütte). Hingegen führt der „Sonnenweg" geradeaus weiter. Nach dessen Station 7 erreicht man die anno 1906 errichtete **Ziegerhoferkapelle** (1129 m) ② und geht abwärts zur Tafel „Strallegger Lochsteinweg".

Hier, ab dem Lochstein, auf dem ebenen Waldweg zum Rastplatz (samt Quelle) beim **Strallegger Bildstein** (1030 m) ③; dieser wurde vermutlich um das Jahr 15 v. Chr. angefertigt. (Anm.: Im selben Jahr kamen die Römer in die Steiermark.) Schließlich gelangt man in den Straßensattel namens **Toter Mann** ④ (1065 m). Von diesem in weitem Umkreis bekannten Kreuzungspunkt bergan zur Wildwiesenkapelle, auch Waldhauserkapelle genannt. Diese wurde anno 1851 erbaut, 1983 renoviert.

Nur „einen Katzensprung" entfernt steht die **Wildwiesenhütte** (1240 m) ⑤. Wenig oberhalb von dieser dominiert der 35 Meter hohe **Wildwiesenturm** (1254 m) ⑥; er wurde im Jahr 1992 errichtet. Absatzweise gereihte Treppen, mit insgesamt 147 Stufen, führen zur Plattform.

Der 36 m hohe Aussichtsturm ragt über dem höchsten Punkt der Wildwiesen auf, 1254 m

Anschließend verbindet der „Kultwanderweg" zum **Wetterkreuz** (1217 m) ⑦ am Floisenkogel. Nun schließt sich die Rundstrecke: direkt abwärts zur **Gaststätte Wildwiesenhof** (1080 m) ①.
Lohnend ist jedoch ebenso diese verlängerte Strecke: ab dem **Wetterkreuz** (1217 m) ⑦ über den Floisenkogel zum Gasthof Kreuzwirt. Entlang des Berglersteiges und Waldrandes zurück zum **Wildwiesenhof** (1080 m) ①.

Der „Stralleger Bildstein" wurde um das Jahr 1920 entdeckt

[9] Stift Vorau, „Sub Terra" und Erzherzog-Johann-Höhe, 792 m

Aus dem Haupteingang über den breiten Hof zur Stiftskirche Vorau, 691 m

Ein zeitgemäßer Freizeitbereich: so erholsam wie spannend

Das Augustiner-Chorherrenstift Vorau wurde 1163 vom Traungauer Markgrafen Otakar III. gegründet. Die gerühmte Bibliothek enthält u.a. wertvolle mittelalterliche Handschriften. Die barocke Stiftskirche wurde 1662 geweiht. Zum Stift gehören ebenso ein Bildungshaus und ein Freilichtmuseum – alles klassisch einfach wahrnehmbar.
Ganz anders situiert ist die „Sub Terra Vorau": Wann, wie, weshalb und von wem das mysteriös anmutende Tunnelsystem hergestellt wurde, ist bis dato rätselhaft. Mittels Spezialführungen können gleichermaßen gelenkige wie nervenstarke Personen ausgewählte Sub-Terra-Stollen erkunden.
Hingegen kinderleicht begehbar ist das am Stift anrainende Wandergelände: Die Erzherzog-Johann-Höhe – diese liegt inmitten eines weit gedehnten hügelreichen Reliefs – gleicht einer Aussichtskanzel.

NÖRDLICHE OST-STEIERMARK

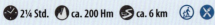 2¼ Std.   ca. 200 Hm   ca. 6 km

Ausgangsort: Vorau, 659 m. Anfahrt: aus dem Safental (B 54 Wechselstraße) oder aus dem Feistritztal (B 72 Weizer Straße).

Ausgangspunkt: Parkplatz am Stift Vorau. Zufahrt: L 430, Stift-Vorau-Straße.

Charakteristik: Fahrwege, Naturboden, Straße. Die Wanderstrecke ist grundsätzlich auch im Winter nutzbar.

Einkehr: Gasthaus „Kagerwirt" (R: Mo), Familie Glatz, Tel. +43 3337 2320.

Zusatzstrecke 1: „Chorherrenweg" bzw. Pilgerweg (Länge 1 km) um das Stift Vorau, mit zwölf Stationen.

Zusatzstrecke 2: Der „Gesundheitspfad" (1 km, mit Turneinrichtungen) verläuft zwischen dem Stift und dem Marienkrankenhaus.

Tipp 1: Stiftsführungen; www.stift-vorau.at; und Freilichtmuseum; www.freilichtmuseum.vorau.at.

Tipp 2: Exkursionen in die „Sub Terra Vorau"; www.subterravorau.at; mit kleinem Museum beim Stift.

Vor dem **Stift Vorau** (691 m) ① folgt man, ab der Mariensäule, der abwärts führenden Flurstraße zur **Pucheggholz-Brücke** (630 m) ②. Am rechten Ufer des Baches leitet ein Steig in die „Brühl", einen idyllischen, inselähnlichen Talgrund samt Fischteich und Bergwacht-Stützpunkt. Ab hier am linken Ufer bachabwärts. Ab der **Wanderwegbrücke** (620 m) ③ – konkret ein eiserner Steg – leitet die Wanderstrecke bergan durch das so-

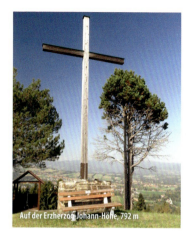
Auf der Erzherzog-Johann-Höhe, 792 m

genannte „Pucheggholz", wie der Bauernwald und der Stiftswald gemeinsam heißen. Das auf der **Erzherzog-Johann-Höhe** ④ (792 m) stehende Gipfelkreuz wurde anno 1959 – anlässlich des 100. Todesjahres von Erzherzog Johann (genannt der „steirische Prinz") – errichtet. Der überdachte Aussichtsplatz enthält ein Fernrohr.

Ein Abstecher zur nahen, einladenden **Gaststätte Kagerwirt** (790 m) ⑤ lohnt sozusagen doppelt: Im selben Gebäude ist auch ein Bauernladen integriert.

Rückweg: Man folgt dem Weitwanderweg Nr. 07, konkret einer Straße, und geht ab der **Pucheggholz-Brücke** (630 m) ②, nun bergan, zurück zum Eingang am **Stift Vorau** (691 m) ①.

Auf der Erzherzog-Johann-Höhe, 792 m

NÖRDLICHE OST-STEIERMARK

[10] St. Pankraz, Pongratzer Kogel und Masenberg, 1261 m

Von der Kirche St. Pankraz, 925 m, zum Windpark am Pongratzer Kogel, 1248 m

Am Bergkirchlein St. Pankraz scheint der Alltag stillzustehen

Der Name des heiligen Pankratius wurzelt auch in der Steiermark in mehreren Berg-, Orts- und Kirchennamen. Jedoch in der Gemeinde Grafendorf bei Hartberg beziehen sich mehrere Schreibweisen auf die räumlich gleiche Destination.

Solange an der Ostseite des Pongratzer Kogels, rund 780 Meter hoch liegend, die „Volksschule Pongratzen" bestanden hatte, war den Kindern alles Glück ins Gesicht geschrieben, als wollten sie sichtbar machen, „sooo lustig kann Schule-Gehen nur hier heroben sein". Tempus fugit: Der Schulbetrieb wurde geschlossen.

Das Bergkirchlein St. Pankraz steht auf einem wunderschönen Erdenfleck. Ein Zitat vor Ort objektiviert (www.katholische-kirche-steiermark.at): „Auf 20 meditativen Wegkilometern, mit herausragender Landschaftsästhetik und kunstkulturellen Schauplätzen, werden die drei spirituellen Zentren Pöllauberg, St. Pankraz und Vorau verbunden … Der Pankratiusweg ist die Brücke zwischen den beiden transnationalen Weitwander-Marienwegen. Diese verlaufen aus Slowenien über Bad Radkersburg bzw. aus Ungarn über das Burgenland –, verbinden die Dekanate Hartberg und Vorau, zugleich die touristischen Regionen Naturpark Pöllauertal, Hartbergerland, Formbacherland, Joglland-Waldheimat innerhalb der politischen Großregion Oststeiermark." Allerdings: Die äußere Form der Wegmarkierung hält dem inhaltlichen Wert der Wanderstrecke nicht stand. Jedoch: Wer suchet, der findet.

Naturpark Pöllauer Tal   **Tour 10**

⏱ 3¼ Std. ⛰ ca. 400 Hm 📏 ca. 8,5 km

Talort: Grafendorf bei Hartberg, 383 m. Anfahrt: A 2 Südautobahn, Ausfahrt „Hartberg"; B 54 Wechselstraße.

Ausgangspunkt: Kirche St. Pankraz; mit Gaststätte „Mesnerhäusl", geöffnet von Ostern bis Ende November, jeweils an Fr, Sa, So. Zufahrt: von Grafendorf bei Hartberg über das Gehöft Langhoppel; ca. 7,5 km.

Charakteristik: Hofzufahrten, Flur- und Waldwege, Forststraßen. Die Wanderstrecke ist grundsätzlich auch im Winter nutzbar.

Einkehr: Gasthaus „Masenberger Olmstoll", Anfang Mai bis Ende Oktober, Mi–So; im Winter Fr–So. Am Gipfel die „Schutzhütte Masenberg", gj. geöffnet (Ruhetage im Winter: Mo–Mi); Notquartiere; Familie Zeiringer, Tel. +43 3337 33231.

Tipp: Spazieren und Wandern im Masenberg-Gipfelbereich. Zufahrt: von Pöllau und Pöllauberg zum „Masenberger Olmstoll" bzw. zur „Schutzhütte Masenberg".

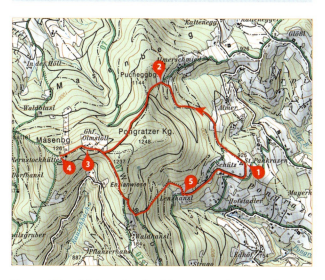

Das weithin sichtbare Bergkirchlein St. Pankraz wurde anno 1544 erstmals urkundlich erwähnt. Eine Generalsanierung erfolgte im Zeitraum 1983–1985. Gottesdienste finden am 12. Mai statt (bzw. am Samstag davor), zuätzlich am Pfingstmontag, am 29. Juni (Peter-und-Paul-Tag) sowie am dritten Sonntag im August.

NÖRDLICHE OST-STEIERMARK

Pilgerweg-Symbol am „Pankratiusweg", nahe der Kirche St. Pankraz, 925 m

Gegenüber dem **Bergkirchlein St. Pankraz** (925 m) ① steht das Gasthaus Mesnerhäusl; davor ist ein Rastplatz eingerichtet.
Die Wegnummer 18 leitet durch Waldgelände bergan. Vor dem gelben Grenzstein Nr. 72/4 links haltend, nun auf einem Steig, bergan. Man erreicht eine Quelle. Nach einem ebenen Wegstück durch einen Hohlweg bergan zum Weg Nr. 942; auf diesem bergwärts zum **Almerschmiedsattel** (1140 m) ②; Wegtafeln. Entlang der Forststraße am Pongratzer Kogel zum oberen Waldrand und an diesem zum Jägerkreuz, 1210 m. Nahe davon erreicht man das **Gasthaus Olmstoll** (1230 m) ③. Am Wildgehege weisen Tafeln zum **Masenberg** (1261 m) ④. Hier vereinen sich, innerhalb eines Blickes, die Glückskapelle, die Schutzhütte und das von den „Hartberger Mariazell-Fußwallfahrern" errichtete Gipfelkreuz.
Rückweg und Abstieg: Über den **Olmstoll** (1230 m) ③ zum Jägerkreuz. Ab hier folgt man den Wegnummern 07/950 zur ersten Abzweigung: Zunächst auf dem Weg Nr. 16, dann auf dem Weg Nr. 17 abwärts zu einem blau-gelben Wegschranken an einer Forststraßen-Kreuzung. Linker Hand abwärts, vorbei an einem Hochsitz und durch die nächste Kehre zu einer Lichtung. Ein Wegpfeil weist in den Steig ein. Man überquert eine Feuchtstelle und steigt, links des Grabens, zum Gehöft vulgo **Lenzhansl** (950 m) ⑤ ab; Wegkreuz. Nun folgt man der Hofzufahrt und erreicht – nach dem Gehöft vulgo Schütz – jene Flurstraße, die kurz bergan führt zur **Kirche St. Pankraz** (925 m) ①.

[11] Pöllau und Pöllauberg, 753 m – ein Naturpark-Erlebnis

Die „Wallfahrtskirche Mariä Geburt" auf dem Pöllauberg, 753 m

Ein „Wallfahrerweg" verbindet Pöllau und Pöllauberg

Im Jahr 1339 wurde in Pöllauberg mit dem Bau der Wallfahrtskirche begonnen. Einflüsse der Wiener Dombauhütte sind wahrnehmbar. Das Gnadenbild für den Hochaltar entstand in den Jahren 1470–1480. Ende 1674 vernichtete ein Blitzschlag den Turm, das Dach und die Einrichtung; erneuert werden musste auch die Orgel; diese zählt im süddeutschen Sprachraum zu den wertvollsten Frühbarockwerken.
Die jüngsten Renovierungsarbeiten am Bauwerk „Maria am Samstagberg" wurden im Jahr 2017 abgeschlossen.

Entfernungen ab Pöllauberg, beispielsweise Santiago de Compostela 2000 km, Lourdes 1375 km

NÖRDLICHE OST-STEIERMARK

⏱ 2¾ Std.   ⛰ ca. 330 Hm   📏 ca. 8 km   🚶   ✖

Talort: Pöllau, 425 m. Anfahrt: A 2 Südautobahn, Ausfahrt „Hartberg"; B 54 Wechselstraße. Oder aus dem Feistritztal (B 72 Weizerstraße) ab Birkfeld über Miesenbach und das Schloffereck.

Ausgangspunkt: Parkplatz beim Schloss; Bushaltestelle „Schlosszwinger".

Charakteristik: Bergan auf dem „Wallfahrerweg" bzw. Weg Nr. 942. Talwärts teils unbezeichnet. Die gesamte Strecke ist grundsätzlich auch im Winter nutzbar.

Einkehr: Restaurant „Goldsberghof", www.goldsberghof.at. Gaststätten König, Goger, Gremsl in Pöllauberg. In Obersalberg Buschenschank „Haubenwaller", Di–So ab 14 Uhr.

Tipp 1: Exkursion im Tal. Schloss Pöllau (im 12. Jh. erbaut als Wasserburg), die Schlosskirche und der Stiftspark. Im Haidenwald der Aussichtsturm; Zugang von Pöllau 30 Min. In Feldhöf der Naturkraftpark mit den „Stationen für alle Sinne".

Tipp 2: Spazieren am Pöllauberg, in den Themen- und Erlebnisgärten. Unterhalb der Wallfahrtskirche steht die Skulptur „Heilige Frauen", darstellend Katharina von Siena, Brigitta von Schweden und die heilige Edith Stein.

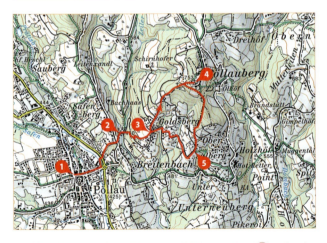

An der Westseite des Schlosses in **Pöllau** (425 m) ① verbindet die Marzellin-Schlager-Gasse zum Kreisverkehr.

Gegenüber beginnt der „Kreuzweg"; dieser leitet zur **Kalvarienbergkirche** (460 m) ②. Man folgt dem rot-weiß-rot markierten Weg Nr. 942, entlang von Waldsteigen und Flurwegen, zur **Gaststätte Goldsberghof** (550 m) ③. Anschließend dominiert Waldgelände. Schließlich erreicht man eine modern gestaltete Steinskulptur: die „Heiligen Frauen". Ein Pfad verbindet geradewegs zur Wallfahrtskirche in **Pöllauberg** (753 m) ④.

Abstieg: Zurück zur Skulptur „Heilige Frauen". Auf dem Weg Nr. 7 („Ölholzweg") zu einem Waldgelände und darin bergab. Man folgt dem Hinweis „Buschenschank". Nahe am unteren Waldrand sichtet man zwei „Wallfahrersteine", hält sich eher links, überquert eine Flurstraße und steigt am Waldrand ab. Nun entlang einer Straße zu einem Wegkreuz, vorbei am Platz des ESV Pöllauberg, zur **Buschenschank Haubenwaller** (580 m) ⑤. Dieselbe Straße kurz abwärts.

Sowohl an der ersten als auch an der zweiten Gabelung rechts halten, danach dem Hinweis „Grasser 146, Fink 109" folgen. Auf einer ebenen Zufahrt zu Wohnhäusern. Wenige Schritte bergan zum Haus Nr. 109; dahinter abwärts: Der Wiesenpfad leitet zu einer Asphaltstraße. An ihr geht man bergan und erreicht wieder den **Goldsberghof** (550 m) ③. Von hier abwärts zur **Kalvarienbergkirche** (460 m) ②, abschließend zum erwählten Endpunkt in **Pöllau** (425 m) ①.

In der Ortsmitte von Pöllau, 425 m

[12] Über den Ringkogel, 789 m, zum weitum schönsten Schaugarten

Im Schaugarten „Gartenatelier Bella Bayer". Zugang auf Vereinbarung.

In Hartberg und Umgebung: spazieren, gehen, schauen, staunen

Der Aussichtsturm hebt sich markant ab und signalisiert Weg-Suchenden sinngemäß: „Ich stehe auf dem Ringkogel." Hierher leiten Wege sternförmig, beispielsweise aus dem mit „Brühl" bezeichneten, klammähnlichen Gelände. Darüber gipfelt der historisch genutzte Ringkogel. Jedoch südostseitig breitet sich ein Gartenparadies, konkret der „Schaugarten Bella Bayer". Die Brühl, der Ring und der nämliche Garten – dieser ist nur zu speziellen Zeiten geöffnet – füllen Ausflüge unterschiedlicher Länge. Miteingeschlossen sei ein Spaziergang in der so fein gepflegten Stadtmitte.

Steingarten-Flora im Schaugarten „Gartenatelier Bella Bayer"

Hartberger Land Tour 12

🕐 3¼ Std. ca. 430 Hm ca. 9 km

Ausgangsort: Stadt Hartberg, 359 m. Anfahrt: A 2 Südautobahn, Ausfahrt „Hartberg"; B 54 Wechselstraße. Oder mit Bus oder Zug.

Ausgangspunkt: Parkplatz vor der Post; Bushaltestelle „Hartberg Busbahnhof". Zugang: vom Bahnhof 10 Min.

Charakteristik: Nebenstraßen und Naturboden. Die gesamte Strecke ist grundsätzlich auch im Winter nutzbar.

Einkehr: „Jausenhütte Ringwarte", April bis Ende November, Tel. +43 664 1344 262; www.ringwarte.at. „Schreiners Berghof", geöffnet Anfang April bis Mitte November; erhältlich Kuchen, Kaffee und Getränke, Tel. +43 3332 62305; www.schreiners-berghof.at.

Tipp: Auf dem Ringkogel der „Archäologische Rundweg".

Variante: Vom Ende der „Steinernen Stiege" zur Straße „Sonnenhang" und zum Schaugarten „Gartenatelier Bella Bayer" (Ring 111/Sonnleitenweg); spezielle Öffnungszeiten, www.bellabayer.at. Rückweg: Entlang der Raimund-Obendrauf-Straße zur Stadtmitte.

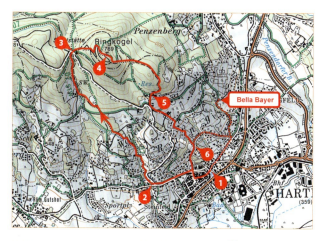

Nächst des Postamtes in **Hartberg** (359 m) ① ab jener Info-Stelle samt Lageplan, situiert an der Kreuzung Bahnhofstraße/Wienerstraße, durch die Fußgängerzone zum Hauptplatz. Die Preßlgasse verbindet zum Parkdeck. Wir gehen entlang der Stadtmauer und Brühlgasse, vorbei an der Radl-Mühle und Posch-Mühle, zur Tafel „Hartberger Brühl". Ab dem **Brühl-Eingang** (400 m) ② entlang von Naturwegen bergwärts, zu Resten einer Mühle, zum Wegpunkt „Schöne Aussicht" und zur Rast-

Die Ringwarte auf dem Ringkogel, 789 m

bank „Sägewerk Fritz Steinbauer". Nach dem Wegpunkt **Spielstätte** (690 m) ③ bewegt man sich im Bereich des historischen Ringwalls, zugleich entlang des „Archäologischen Rundweges". Ein abkürzendes Wegstück verbindet direkt zum Aussichtsturm auf dem **Ringkogel** (789 m) ④: Im Inneren der 30 Meter hohen Ringwarte leiten 99 Stufen zur Plattform; diese ist im Zeitraum April bis Oktober nutzbar (www.hartberg.at). Wie an Hinweisen abzulesen, liegen im Blickfeld u.a. die Koralpe, der Wechsel und das Burgenland.

Der **Abstieg** erfolgt durch das Waldgelände zu **Schreiners Berghof** (610 m) ⑤. Unterhalb erreicht man eine Bushaltestelle. Vom Bildstock auf einem Flurweg zum Gehöft Oswald. Von der nächstfolgenden Straße verbindet ein Wiesenweg zur **Steinernen Stiege** (470 m) ⑥. Nach deren 46 Stufen erreicht man eine Straße; an ihr abwärts. Anschließend dem Weg Nr. 1 folgen bzw. dem „Stadtrundweg". Beim Objekt „Ring 41" biegt man ein in die Weinberggasse. Vom Parkdeck zurück zum Ausgangspunkt im Stadtbereich von **Hartberg** (359 m) ①.

Im Schaugarten „Gartenatelier Bella Bayer". Zugang auf Vereinbarung.

[13] Sommeralm, Plankogel, 1531 m, und die Siebenkögel

Von der Sommeralm Blickrichtung Osser, 1548 m, und Hochlantsch, 1720 m

Panorama-Wanderstrecken im „Naturpark Almenland"

Die Teichalm und die Sommeralm bilden gemeinsam das „größte zusammenhängende und bewirtschaftete Almgebiet Österreichs". Dieser Superlativ reflektiert erst einen Bruchteil des wahren, konkret des ideellen Landschaftswertes. Schließlich ist dasselbe Almenland ein Ganzjahresziel, gewährt Bewegungsfreiheiten, ermuntert zum Schlendern auf Naturboden, zusätzlich zu stundenlangem Wandern – ebenso zum Schneeschuhgehen – zwischen 1200 m und 1500 m Seehöhe, entlang von Höhenrücken; sie umgrenzen ein durchwegs sanft geformtes Gelände. Dieselbe Region trägt seit 17. Juni 2007 das Prädikat „Naturpark Almenland".

Der 1531 Meter hohe Plankogel zählt zu den Top-Zielen im „Naturpark Almenland"

NÖRDLICHE OST-STEIERMARK

 4½ Std. ca. 430 Hm ca. 12,5 km

Talorte: Fladnitz an der Teichalm, 694 m; Passail, 653 m; St. Jakob-Breitenau, 607 m; St. Erhard, 658 m. Anfahrt: aus dem Murtal oder aus Richtung Weiz.

Ausgangspunkt: Gasthof „Holzmeister" (R: Do), 1230 m; Bushaltestelle (im Sommer bedient). Zufahrt: aus Richtung Teichalm oder Brandlucken bzw. Sommeralm.

Charakteristik: „Siebenkögelweg"; Almböden, Waldgelände. Die gesamte Strecke ist grundsätzlich auch im Winter nutzbar.

Einkehr: Gasthaus „Stoakoglhütte", geöffnet Mai bis Oktober, im Winter an Sa + So; www.stoakoglhuette.at.

Tipp 1: Ab dem „Holzmeister" geradewegs bergan zur „Stoahandhütte"; anschließend Richtung Wallfahrerkreuz usw.

Tipp 2: Einkehr auf der „Weizerhütte" (R: Mo, Di; Betriebsurlaub 25.2.–12.4.); Anna-Maria Pölzl, Tel. +43 3179 20220; www.weizer-huette.at. Von hier weisen Wegtafeln Richtung „Wetterkreuze" und „Siebenkögelweg".

Tipp 3: „Sommeralmhütte Derler", Stützpunkt für Selbstversorger; www.almhuette.co.at.

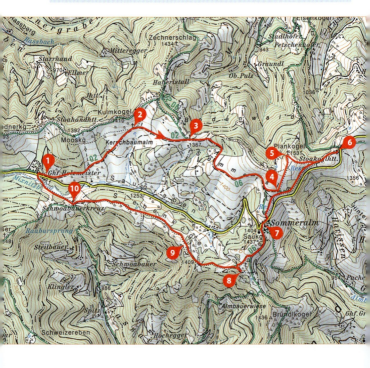

"Naturpark Almenland", Siebenkögelweg. Blickrichtung Wetterkreuze, 1405 m.

Ab dem **Gasthof Holzmeister** (1230 m) ① leiten die Wege Nr. 02 und 745 an der Südseite des Mooskogels zur „Mooshalt" im Bereich der Kerschbaumalm. Wir setzen fort an der Südseite des Kulmkogels zum **Wallfahrerkreuz** (1350 m) ② und am Höhenrücken zur Weggabel **Kerschbaumgatterl** (1367 m) ③. Unsere Wanderstrecke quert das Weidegelände der Sommeralm. Wir orientieren uns am **Windrad** (1430 m) ④ und ersteigen den **Plankogel** (1531 m) ⑤. Bergrettungsleute der Ortsstelle Weiz errichteten das Gipfelkreuz.

Abstieg: Ostwärts, entlang eines Zaunes, zur **Stoakoglhütte** (1370 m) ⑥; Wendepunkt.

Der **Rückweg** leitet am Fuß des Plankogels wie in Richtung **Windrad** (1430 m) ④ und in den Straßensattel der **Sommeralm** (1404 m) ⑦; Alpenverein-Wegweiser. Von der „Sommeralmhütte Derler" folgen wir dem „Almenweg" bzw. Weg Nr. 45, gehen am Saukogel eben entlang, danach bergan zu den drei **Wetterkreuzen** (1405 m) ⑧. – Anmerkung: Hierher kommt man auch von der Weizerhütte. – Entlang des Höhenrückens Siebenkögel erreichen wir die Skilift-Bergstation auf dem **Pirstingerkogel** (1370 m) ⑨, allmählich den Sattel beim **Schwoabauerkreuz** (1249 m) ⑩, schließlich den Mixnitzbach. Schon steht in Sichtweite der **Gasthof Holzmeister** (1230 m) ①.

[14] Der „Vogelbeer-Panoramaweg" im Naturpark Almenland

Ein verheißungsvoller Anfang. Entlang des „Duftweges" in das Almenland-Bergdorf St. Kathrein am Offenegg, 970 m.

Nicht nur die Ebereschen-Früchte bezaubern Ausflugsgäste

Aus einem einst populären Lied klingt der Name des Bergdorfes St. Kathrein am Offenegg nach. Nun ja, Vogelbeerschnaps – hergestellt aus den Früchten der Eberesche – wird hochpreisig gehandelt. Hingegen unverfänglich „berauschend" wirkt dasselbe Bergdorf dank all dessen Inhaltes: Würdig des Prädikats „Schmuckstück"; erlebenswert während aller Jahreszeiten: Mehr denn je werden ebenso Wintermonate zum Spazieren und Wandern genutzt. Entlang des Waldrandes sind massive Sitzmöbel installiert; deren Nutzer sehen – an klaren Tagen – tief in steirisches Land. Im Mittelpunkt verbleibt freilich „die Kirche im Dorf": Auch in St. Kathrein am Offenegg bilden Wandern und Einkehren ein klassisch erholsames Paar.

3½ Std.   ca. 300 Hm   ca. 9 km

Talort: St. Kathrein am Offenegg, 970 m. Anfahrt: aus Richtung Weiz, Passail, Sommeralm oder Brandlucken.

Ausgangspunkt: Zentraler Parkplatz, nächst dem Gasthof „Pieber". Zufahrt: aus dem Weiztal, über Ortsteil „Schmied in der Weiz".

Charakteristik: Fahrwege, Naturboden, Nebenstraßen. Die gesamte Strecke ist grundsätzlich auch im Winter nutzbar.

Einkehr: „Schutzhütte Eibisberg" (R: Di; im November geschlossen), Tel. +43 3179 8332; www.almenland.at. „Braunhof", www.landhotel-spreitzhofer.at.

Ab dem zentralen Parkplatz in **St. Kathrein am Offenegg** (970 m) ① verbindet der sonnseitig trassierte „Duftweg" zur Dorfmitte und zum Gasthof bzw. Landhotel Schwaiger (www.gasthof-schwaiger.at).

Nordostwärts setzt der „Vogelbeer-Panoramaweg" an. Am Anfang jedoch keimt „Bomben-Stimmung", abstrahlend von dem zur Schau gestellten Splitter jener Bombe, die am 17. März 1945 notfallbedingt abgeworfen wurde. Aber über allen Wipfeln herrscht Ruh'. Am selben Panoramaweg dominiert das Thema „Vogelbeeren", nachzulesen auf einer Pulttafel. Daran schließt das „Rastplatzl" **Lärchenwiese** (1100 m) ② an. Ins Blickfeld drängt Weitblick: vom Schöckl zur Stubalpe reichend.

Der nächste Wegpunkt heißt Huberhöhe. Ein paar Augen-Blicke später – im Norden prangt die Rote Wand – erreichen wir den Wegpunkt Zeilfranz-Höhe, zugleich das klobige „Waldklang-Sofa". Wir nehmen die Einladung an, verweilen im Panorama: Westwärts sind zusätzlich die Seetaler Alpen wahrnehmbar. Nahe am Wegpunkt Grubbauer-Höhe informiert ein Tafeltext zur „Vogelbeere aus pharmazeutischer Sicht". Hmmm ..., gibt es Schnaps auch auf Rezept?

Auf die „Waldklang-Oase" und das „Rastplatzl" **Schwoaghofer-Teich** (1140 m) ③ folgt die „längste Rastbank". Wir dehnen den Ausflug: Die erste Hütte (Hausnummer 22, I. Viertel) gehört dem „Almholda-Sepp". Nahe davon steht die **Naturfreunde-**

Diese Wanderstrecke wendet an der Schutzhütte in Eibisberg, 1200 m

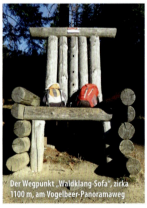
Der Wegpunkt „Waldklang-Sofa", zirka 1100 m, am Vogelbeer-Panoramaweg

Selbstversorgerhütte Bendlerhöhe (1190 m) ④.
Im Umgebungsbereich weisen Wegtafeln unterschiedlicher Ausführungen in unterschiedliche Richtungen. Auf die Holztafel „Schutzhütte" (unsere Gehrichtung) folgt das massive „St. Ruprechter Pilger-Marterl". Der Wendepunkt unseres Ausfluges liegt an der **Schutzhütte Eibisberg** (1180 m) ⑤.
Der **Rückweg** führt über das **Gehöft Ederer** (1100 m) ⑥ in Richtung „Zeil" und hier entlang von Flurstraßen. Wir erreichen das „Rastplatzl" Hoastub'n, zeitgleich die Infotafel „Bedeutung der Vogelbeere für den Waldbau". Am Gehöft Graf lesen wir nach zur „Fruchtverwendung" der Vogelbeere. Ab dem **Landhotel Spreitzhofer vulgo Braunhof** (1020 m) ⑦ erfühlen wir den Schlussakkord: Nach „Piebers Panoramahütte" und dem „Steinhauser Lindenbaum" erreichen wir den Gasthof Vorauer vulgo Steinhauser, faktisch zeitgleich den eingangs erwähnten Parkplatz in **St. Kathrein am Offenegg** (970 m) ①.

[15] Rauchstubenhaus, Hoher Zetz, 1264 m, und Wittgruberhof, 904 m

Der Alpenverein-Stützpunkt „Wittgruberhof", 904 m, steht an der Südseite des Hohen Zetz

Sternförmig leiten Wanderwege zum Zetz-Höhenrücken

Die Alpenvereinssektion Weiz erwarb in den 1970er-Jahren das „Bauernsacherl Wittgruberhof". Mittlerweile ist der Name derselben Liegenschaft weithin bekannt. Hinzu kommt der günstige Umstand, dass, ab dem Parkplatz am Gschnaidtsattel, der „Wittgruberhof" innerhalb von zehn Minuten Fußweges erreicht werden kann. Im Gegensatz zu solch einer Funktion als Ausflugsgasthaus ist der „Wittgruberhof" grundsätzlich als Schutzhütte sowie Jugend- und Familien-Stützpunkt definiert. Die alpine Umgebung wird von den drei Zetzen geprägt. Der höchstliegende bewaldete Zetz-Bergrücken enthält Aussichtsplätze. Erreichbar auf Wanderwegen aus Richtung Anger, zusätzlich aus Richtung Eibisberg und Weiz. Folglich gibt es gute Gründe, den „Wittgruberhof" erneut zu besuchen. Umso mehr, als die Hüttenwirtin gut kocht und ebenso gut Ziehharmonika spielt. Die vielen Stammgäste sind Zeugen. Insgesamt wertvoll ist die nachstehend beschriebene Wanderstrecke, auch in Zusammenhang mit dem Heimatmuseum „Rauchstubenhaus" und dem dazu gehörenden Gasthaus. Wirt Peter Almer ist stolz auf seine Heimat: „Bei uns am Zetz heroben ist's richtig schön … aber schad' ist, dass der am Waldkamm verlaufende Hans-Riedler-Zetzweg nicht besser gepflegt wird. Deswegen gehen viele Leute auf der Forststraße."

NÖRDLICHE OST-STEIERMARK

 4 Std.   ca. 830 Hm   ca. 11,5 km

Ausgangsort: Anger, 479 m. Anfahrt: B 72 Weizer Straße.
Ausgangspunkt: Parkplatz beim Gemeindeamt am Südtirolerplatz.
Charakteristik: Forststraßen, Naturboden, Nebenstraßen. Die gesamte Strecke ist grundsätzlich auch im Winter nutzbar.
Einkehr: Almers Gasthaus „Zur Rauchstube" (R: Mo, Di, Mi), +43 3175 2460; www.rauchstubenhaus.at. Schutzhütte „Wittgruberhof" (R: Mo, Di), Tel. +43 3172 5580 oder +43 676 7608327; www.alpenverein.at.
Tipp: Heimatmuseum „Rauchstubenhaus" (neben dem Gasthaus). Zufahrt: Anger–Waxenegg–Edelschachen.

Am **Hauptplatz in Anger** (479 m) ①, mit Trachtengeschäft Seidl und Bäckerei Buchgraber, weisen rechts der Hausnummer 7 eine Farbmarke und eine Pfeiltafel in die uns genehme Richtung: An einer Stiege beginnt der Weg Nr. 60; er wurde anno 1959, „im Gedenken an Erzherzog Johann", errichtet und wirkt nachhaltig einladend auch während der Winterzeit: Der Buchenbestand lässt das Sonnenlicht auf den Waldboden dringen. Nach einem verfallenen Stadel erreicht der Ausblick nordostwärts sogar das Stuhleck, 1782 m (siehe Tour 3). Ostwärts hingegen steht, zum Greifen nahe, der Rabenwaldkogel, 1280 m (Tour 21). Kurz danach, auf Höhe des Gehöftes Steinbauer vlg. Stallgaberl, zirka

Am Weg Nr. 60 in Edelschachen, 795 m. Vom Wegkreuz zum Gasthaus Almer und anliegenden Museum „Rauchstubenhaus".

740 m, weitet sich der Blick ins Land zu einem Panorama in gestrecktem Winkel.
Im Siedlungsbereich von Edelschachen sticht folgendes Motiv heraus: ein Wegkreuz samt Rastbank und zwei Birken. Nahe davon erreichen wir das Gasthaus Almer und das dazugehörende **Heimatmuseum Rauchstubenhaus** (790 m) ②. Rasten macht stark.
Bergseitig leitet ein Wiesenpfad zur Straße. Kurz nach dem Gehöft „Peiler vulgo Hansl in Edelschachen" führt der Wanderweg in Waldgelände. An der **Höhenmarke** (1000 m) ③ steht „1000 m" angeschrieben. An der nachfolgenden Weggabel, 1060 m, ist ein Pilgerweg-Motiv installiert.
Aus einer Kahlfläche erreicht man eine Weggabel auf dem **Zetz-Höhenrücken** (1220 m) ④ und folgt dem „Hans-Riedler-Zetzweg" zum Aussichtspunkt **Hoher Zetz** (1246 m) ⑤. Ein als Sitzplatz abgeflachter Holzstamm lädt zum Verweilen ein. Auch der Ausblick soll jetzt genutzt werden. Denn anschließend umstehen Bäume das Zetz-Wetterkreuz und das **Zetz-Gipfelkreuz** (1250 m) ⑥.
Der Hinweis „Zetz-Schochtl" bezieht sich auf einen von Bäumen geschützten Notunterstand. Darin ist, auf einem Polsterzipfel, der Name „Zetzschachtel" aufgedruckt. Das Mini-Objekt ist innen wie außen sorgfältig instandgehalten.
Das Gipfelkreuz wurde anno 1980 errichtet, „in memoriam Richard Deutsch, Obmann der Alpenvereinssektion Weiz".

In der „Zetz-Schochtl", 1255 m

In der örtlichen Bevölkerung lebt Richards Name fort; die einst zur Alpenvereinssektion Graz gehörende „Ortsgruppe Weiz" verselbständigte sich zur „Sektion Weiz". In deren Arbeitsgebiet setzen wir unsere Wandertour fort.

Abstieg: Auch diese Gehrichtung ist deutlich markiert. Der Weg Nr. 10 leitet mäßig steil abwärts. Ab dem „Friedl-Gedenkkreuz", 1060 m, folgen wir einer Forststraße, nehmen alsbald eine Marke wahr mit der Inschrift „Seehöhe 1000 m". Wo der Fahrweg aus dem Wald leitet, steht der **Wittgruberhof** (904 m) ⑦: einladend, gar sehr einladend. Mag der Aufenthalt dauern, „so lange die Musi spielt", konkret die Wirtin auf der Steirischen.

Das abschließende Wegstück führt in den nahen **Gschnaidtsattel** (823 m) ⑧. Daran schließt ein kurzes Stück Straße. Ausgleichend wirken Wiesengrund und Waldgelände. Schlussendlich leitet die „Waxenegger Straße" zum **Hauptplatz in Anger** (479 m) ①.

Auf dem Hohen Zetz, 1264 m, Ausblick nordostwärts, zur Rax, 2007 m, und zum Stuhleck, 1782 m (rechts)

[16] Dürntaler Höhe, 1060 m, und Gösserwand, 1030 m

Die Siedlung „Gschaid bei Weiz" schmiegt sich in ein sattelähnliches Gelände, 864 m

Individuelle Rundstrecken entlang des „Naaser Höhlenweges"

An diesen Schnupperbesuch mögen eigenständig komponierte Rundstrecken anschließen. Denn die „Grasslhöhle" und das „Katerloch" dienen als potenzielle Ausflugsziele (siehe Tour 17). Beide Schauhöhlen dehnen innerhalb einer Wandertour die Unterwegszeit. Separate und wiederholte Höhlenbesuche machen Sinn.
Je nach individuellem Vorhaben lässt sich der „Naaser Höhlenweg" verkürzen oder erweitern. Aus all den gewonnenen Eindrücken – zwischen Dürntal, Gschaid und dem Gösser – mögen Ideen entstehen, dasselbe Gelände in individueller Weise zu durchwandern: beispielsweise auch gegen den Uhrzeiger, das dritte Mal in Achterform. Zusätzlich während aller Jahreszeiten. Der „Naturpark Almenland" gleicht einer Fundgrube.

 3½ Std.   ca. 575 Hm   ca. 11 km

Talort: Arzberg, 579 m. Anfahrt: über St. Radegund bei Graz, Gollersattel, Passail oder Weiz.

Ausgangspunkt: Gasthof „Dürntalwirt"; Familie Graf-Reisinger, Tel. +43 3172 67235; www.duerntalwirt.at. Zufahrt: von Arzberg oder Weiz-Göttelsberg.

Charakteristik: Naturboden, Flur- und Nebenstraßen. Die gesamte Strecke ist grundsätzlich auch im Winter nutzbar.

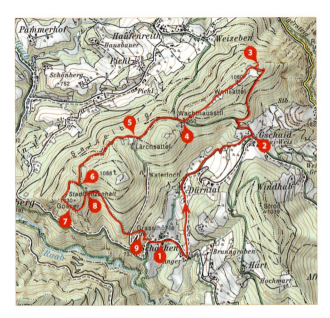

Ab dem **Gasthof Dürntalwirt** (675 m) ① schlendern wir entlang der Straße abwärts zum Bildstock und zur anschließenden Kreuzung, 679 m. Nun die Straße entlang, bergwärts, in die Siedlung **Gschaid bei Weiz** (864 m) ②. Der Rundblick weitet sich: Im Süden steht der 1039 Meter hohe Stroß. Wir jedoch gehen nordwärts und zweigen auf zirka 920 Meter Seehöhe rechts ab: Ein Fahrweg verbindet zu einem Weideboden, genannt Dürntaler Halt, 1040 m. Von deren Blockhütte gelangt man, rechter Hand, zu einem halbwegs baumfreien Aussichtspunkt; denselben benennen wir, informell, **Dürntaler Höhe** (1060 m) ③. Ahhh! Weit und breit, gegen Norden, breitet sich der „Naturpark Almenland". Darin liegt, wie eingebettet, das viel besungene Bergdorf St. Kathrein am Offenegg (siehe Tour 14).

Wir gehen zurück auf die Dürntaler Halt, überqueren deren Weideboden südwestwärts und gelangen durch eine schmale Passage, genannt Wolfsattel, 1050 m, zum Stall auf der „Lembacher Halt". (Wer die angrenzende Geländekante ersteigt, überblickt dahinter das Passailer Becken und den Hochlantsch: alles „Almenland".) Über die Mittererhalt leiten Steigspuren abwärts in den **Wachthaussattel** (950 m) ④. An der Rückseite des Bildstocks, genannt „Wachthauskreuz", steht die Jahreszahl 1864.

Wenig entfernt vom selben Bildstock zweigen wir links ab, durchstreifen nun Waldgelände am Sattelberg: Dessen ursprünglicher Baumbestand wurde am 26. und 27. Jänner 2008 vom Jahrhundert-Sturm „Paula" hinweggerafft. Daran erinnert eine Inschrift. Der uns dienende Fahrweg leitet zur **Weggabel am Lärchsattel** (980 m) ⑤. Der anschließende Boden, die „Kornerhalt", wurde einst als Weide genutzt. Beim „Sattelkreuz", 985 m, steht eine Rastbank. Aus dem Gössersattel, konkret ab dem ersten Wegkreuz, genannt **Annerlbauerkreuz** (990 m) ⑥, folgen wir dem Hinweis **Gösserwand** (1000 m) ⑦. Folglich umrunden wir den Gösser, 1034 m. (Westseitig reichen Felswände hinab zur Gösserstraße, Seehöhe zirka 760 Meter).

Die gipfelnahe Gösser-Rundstrecke mündet am Gössersattel südseitig ein. Ab hier, beim **Dürntaler Kreuz** (980 m) ⑧ bzw. aus dem Bereich der ehemaligen „Zenzenhalt" (aktuell ein Waldgelände), leitet der Wanderweg südostseitig abwärts zur **Grasslhöhle** (740 m) ⑨. Ein Höhlenbesuch lässt sich einfügen (siehe Tour 17). Der Wanderweg endet alsbald: Nach einer kurzen Waldpassage erreicht man die Gösserstraße und an ihr den **Gasthof Dürntalwirt** (675 m) ①.

Alles „Naturpark Almenland". Vom Sattelberg, zirka 980 m, über das Passailer Becken zur Sommeralm samt dem Plankogel, 1531 m (Tour 13).

[17] Grasslhöhle, 740 m, und Katerloch, 900 m

Stalaktiten sonder Zahl im Katerloch

Auf Gösserwand und Sattelberg folgen zwei Untertag-Superlative

Sogar für einheimisch situierte Weltenbummler zählt die höhlenreiche Umgebung der oststeirischen Bezirksstadt Weiz zu den „weißen Flecken auf Heimatboden". Hörbar keimt folgende Erkenntnis: „Da fahren wir, weiß Gott wie oft schon, weit fort und ahnen nicht, welch großartige Natur-Reichtümer faktisch vor der Haustür liegen ..."

In der Säulenhalle des Katerlochs – „die tropfsteinreichste Schauhöhle Österreichs" – glitzern und gleißen mehr als 4.000(!) Tropfsteine jeder Größe, Form und Stärke.

Andererseits ist die Grasslhöhle – „die älteste Schauhöhle Österreichs" – ein idealer Bereich zum Akklimatisieren für subterrestrische Ausflüge.

Gut beraten ist, wer bereits der Tour 16 folgte: Mit den daraus gewonnenen Ortskenntnissen lässt sich die Tour 17 in gelassener Stimmung nachvollziehen, umso eher kreative Spannung aufbauen: in Vorfreude auf die beiden Höhlen-Exkursionen. Die vielfach angedachte Hypothese, zwischen den beiden Höhlen-Systemen könne eine unterirdische Verbindung bestehen, erhöht den Anreiz zum Kennenlernen beider Höhlen. Lassen Sie sich vom Charakter beider Labyrinthe überraschen.

Naturpark Almenland • Weizer Bergland — Tour 17

⏱ **2½ Std.** ⛰ **ca. 350 Hm** (ohne die Höhlenwege) **ca. 7 km**

Talorte: Arzberg, 579 m. Weiz. Anfahrt: siehe Tour 16.

Ausgangspunkt: Gasthof Graf-Reisinger bzw. „Dürntalwirt". Zufahrt: über Arzberg oder Weiz-Göttelsberg.

Charakteristik: Überwiegend Naturboden. Die Wanderwege sind grundsätzlich auch im Winter nutzbar.

Höhlenführungen: Jeweils ab Anfang April bis Ende Oktober; nur auf Anmeldung.

Grasslhöhle: Führungsdauer ungefähr eine Stunde; Abstieg und Aufstieg jeweils 20 Hm; Weglänge 170 m. Familie Reisinger, Tel. +43 664 5241757; www.grasslhöhle.at.

Katerloch: Führungsdauer ungefähr zwei Stunden; Abstieg und Aufstieg jeweils 135 Hm; Weglänge 1 km. Mag. Franz Geissler, Tel. +43 664 4853420; www.katerloch.at.

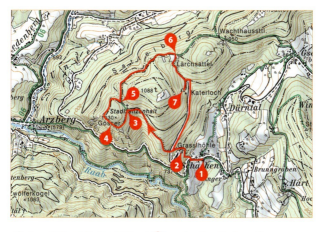

Ab dem **Dürntalwirt** (675 m) ① an der Straße kurz bergan, anschließend durch ein Waldstück – schon ist der Eingangsbereich der **Grasslhöhle** (740 m) ② erreicht. Führungen dauern 45 bis 60 Minuten, angepasst an den „Knips-Fleiß" der Gäste.

Durch Waldgelände ansteigend, erreicht man das im Gössersattel südseitig stehende Wegkreuz, genannt **Dürntaler Kreuz** (980 m) ③. Wir zweigen links ab und umrunden – im Uhrzeigersinn – den 1034 Meter hohen Gösser. Infolgedessen nehmen wir den felsigen Boden des oberen Randes der **Gösserwand** (1000 m) ④ wahr. Wir erreichen wieder den Gössersat-

Der Eingang zur Grasslhöhle liegt in zirka 740 m Seehöhe

tel, und zwar beim nordseitig stehenden Wegkreuz, genannt **Annerlbauerkreuz** (990 m) ⑤, geradewegs das „Sattelkreuz" (Rastbank) und wenige Gehminuten später den **Lärchsattel** (980 m) ⑥. Der Weg Nr. 18a leitet abwärts zum **Katerloch** (900 m) ⑦. Am Parkplatz informiert eine Übersichtstafel zum Schauhöhlenbereich. Dessen Terrain erfordert sportliche Ambitionen und entsprechende Kondition. Kinder, die an einer Führung teilnehmen, sollen zumindest acht Jahre alt sein.

Abschluss: Ab dem Katerloch-Parkplatz die Straße abwärts. Wir erreichen erneut die **Grasslhöhle** (740 m) ②, unweit davon die ersehnte Einkehrstätte, konkret den **Gasthof Dürntalwirt** (675 m) ①.

Vom „Naaser Höhlenweg" Richtung Schachen (Gasthof „Dürntalwirt") und Burgstaller Höhe, 1218 m

[18] Kleine Raabklamm, 405 m – 505 m

In der Kleinen Raabklamm, nahe der „Wünschbachbrücke", 420 m

Teils an Uferwegen entlang flussaufwärts – gern auch flussabwärts

Der Charakter dieses talnahen Ausflugsbereiches pendelt zwischen Spazier- und Wandergelände. Der Wendepunkt kann individuell festgelegt werden, umso mehr, weil der am theoretischen Endpunkt situierte Gasthof „Jägerwirt" seit geraumer Zeit – leider – geschlossen hält.

Ausflüge im Bereich der Kleinen Raabklamm laufen logistisch einfach ab, wenn man die gleiche Strecke zurückgeht. Wer die Ausflugsstrecke verlängern möchte, findet in Richtung der Großen Raabklamm weiträumig anschließendes Wandergelände, flussaufwärts und flussabwärts. Speziell in diesem Zusammenhang dient die Bushaltestelle „Mortantsch Jägerwirt" als Endpunkt, speziell im Sinne von „Park and Ride". Denn an der „Kumbergbrücke" ist ein frei benutzbarer Parkplatz eingerichtet. Diesen nutzt man beispielsweise folgend: Man fährt ab dem Park-and-Ride-Platz mit dem Bus (Richtung Weiz) bis Mitterdorf an der Raab; die Rückfahrt erfolgt ab der Haltestelle „Mortantsch Jägerwirt" mit dem Bus (Richtung Graz) zum Park-and-Ride-Platz an der Haltestelle „Kumbergbrücke".

🕓 **4 Std.** 🕐 **ca. 100 Hm** 📏 **ca. 15,5 km**

Ausgangsort: Mitterdorf an der Raab, 405 m. Anfahrt: B 72 Weizer Straße. Oder mit dem Bus.

Ausgangspunkt: Parkplatz bzw. Bushaltestelle.

Charakteristik: Fahrwege, Naturboden, Nebenstraßen. Die gesamte Strecke ist grundsätzlich auch im Winter nutzbar.

Tipp: Ab der Bushaltestelle „Mortantsch Jägerwirt" beliebig weit in Richtung Große Raabklamm (siehe Tour 19). Oder fortsetzen mit Tour 20, Richtung Weiz.

NÖRDLICHE OST-STEIERMARK

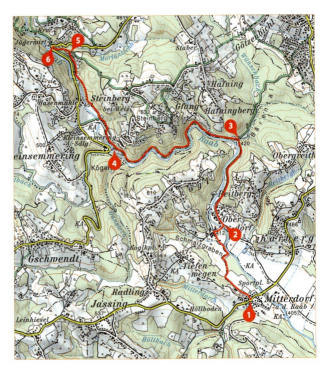

Aus dem Bereich der **Bushaltestelle Mitterdorf an der Raab** (405 m) ① bzw. ab dem Parkraum nahe am Sportplatz in Mitterdorf folgt man einem Fahrweg. Umgeben von Grünland, Feldern und einem Waldsaum. Die leicht erhöht liegende Wegtrasse begünstigt den Überblick in dem hier noch schmal ausgeformten Raabtal. Mit einer Rechts-links-Schleife nähert man sich der Raab und an ihrem rechten Ufer einem auffallenden Objekt, wirksam wie eine Landmarke: An der Giebelwand steht aufgemalt die Jahreszahl 1953, unterhalb prangt – in Großbuchstaben – die Aufschrift „Stefan Farkas". Dieser Name verbürgt sich – ableitbar aus dem plakativ angefügten Zusatz „Kunstmühle. Sägewerk und Oelpresserei." für nachhaltige Qualität aus dem Flair analogen Zeitalters.

Eine Brücke verbindet an das linke Ufer der Raab. Im **Siedlungsbereich Oberdorf** (415 m) ② reihen sich Wohnobjekte, ein Bildstock und eine Übersichtskarte, benannt die Kleine Raab-

Die „Farkas-Mühle" in Oberdorf gründet in einem ungarischen Familiennamen, übersetzbar mit „Wolf"

klamm. Wandergäste, Radfahrer, Mountainbikerinnen und Laufgruppen nutzen den fahrwegbreiten Uferweg.

Ab der **Wünschbachbrücke** (420 m) ③ reduzieren sich die Bewegungstechniken auf Wandern, Spazieren und – last, but not least – auf Nordic Walking. Nahe am „Franz-Ludwig-Steig" schmiegt sich die Raab in eine fotogene Schleife. An der Prallseite stehen Steinmännchen nahe am Wasser. Ab dem **Stoffmühlsteg** (450 m) ④ weitet sich der Talboden; ins Bild rückt sogar auch der Schöckl. Nach der „Raabannerlbrücke", 455 m, folgt man weiterhin dem linken Ufer und erreicht nach dem Niesbauersteig folgende Abzweigung: Kurz vor der Bushaltestelle „Mortantsch Steinberg Schlegl", 460 m, leitet eine schmale Straße zur **Weggabel am Saurucken** (505 m) ⑤. Zehn Gehminuten später erreicht man die **Bushaltestelle Mortantsch Jägerwirt** (457 m) ⑥.

Rückweg auf gleicher Strecke nach **Mitterdorf an der Raab** (405 m) ①. Oder die Tour nach eigenen Ideen abschließen, siehe „Tipp".

Blickrichtung Kleinsemmering, Schöckl, 1445 m, Burgstaller Höhe. Foto-Standort nahe Stoffmühlsteg, Kleine Raabklamm.

NÖRDLICHE OST-STEIERMARK

[19] Durch die Große Raabklamm – hin und zurück

Die dem heiligen Jakobus geweihte Kirche steht inmitten des montanhistorischen Dorfes Arzberg, 579 m

Die Logistik ist nicht einfacher geworden – aber nachvollziehbar

Für all jene Ausflugsgäste, die an der Großen Raabklamm eher nur stichwegartig schnuppern wollen, ist die Logistik kein Thema.
Die Große Raabklamm ist zwar auch mit planmäßig verkehrenden Bussen erreichbar, jedoch nur ab der Haltestelle „Mortantsch Jägerwirt". Wer die Große Raabklamm flussaufwärts wandert, kommt in angemessener Zeit nach Arzberg. Aber wer will den gleichen, langen Weg zurückgehen? Alternativ wird der sogenannte „Kirchsteig" angefügt; auf diesem und entlang der Gösserstraße erreicht man den „Dürntalwirt". Abschließend wirkt ein Taxi mit; dieses transferiert Raabklamm-Wandergäste zum geschlossenen Gasthaus „Jägerwirt".
Aktuell fokussieren sich Ausflüge in der Großen Raabklamm auf die Rundstrecke Arzberg–Lehbauersteg–Dürntalwirt–Gösserstraße–Kirchsteig–Arzberg. Infolgedessen wird zwar nur ein Teilbereich der Großen Raabklamm besucht, jedoch liegt inmitten der Rundstrecke eine solide Gaststätte.
Falls Transfers erforderlich sind, hilft auch die Gastwirtfamilie Graf-Reisinger beim Organisieren mit: „Wir rufen die Taxifirma Zierler in Weiz an. In Passail gibt es kein Taxi mehr." Jedenfalls erfordern Wanderungen in der Großen Raabklamm eine vorausschauend durchdachte Logistik betreffend Ziel, Wendepunkt oder Rückholdienst.

Naturpark Almenland • Weizer Bergland — Tour 19

⏱ 7 Std.　↑ 250 Hm, ↓ 250 Hm　 19 km

Ausgangsort: Arzberg, 579 m. Anfahrt: aus Richtung Graz über St. Radegund oder Gollersattel.

Ausgangspunkt: Raabbrücke, „Einstieg Große Raabklamm".

Charakteristik: Flussnahe Steige; mehrere Gegensteigungen.

Transfer: Ab dem „Dürntalwirt" mit Taxi; Firma Zierler (Weiz), Tel. +43 3172 4087.

Tipp: In Arzberg der Montanlehrpfad und das Schaubergwerk (darin reift der „Stollenkäse"); www.arzberg.at.

Die Erzwagen erinnern an die montanhistorische Bedeutung des Ortes Arzberg, 579 m

Am Anfang eines Ausfluges in die Große Raabklamm steht die wortecht sehenswerte Anreise, beispielsweise aus dem Norden von Graz: über Rinnegg, Kreuzberg, St. Radegund, Schöcklkreuz, Angerkreuz, Burgstall. Jeder dieser Begriffe ist Augen-Blicke wert, dort oder da zusätzlich einen Blick durch die Kamera, erst recht durch das Fernglas. Konkret im Umgebungsbereich von Burgstall.

Das „historische Arzberg" ist vielgestaltig wahrnehmbar: an der Burgruine Stubegg, am Montanhistorischen Lehrpfad, an der dem heiligen Jakobus geweihten Pfarrkirche. Stark nachgefragt wird der „Arzberger Stollenkäse". Einen Besuch wert ist die „Anfahrtstube". Das Dorfbild reflektiert Wohlstand: Erz wurzelt im Ortsnamen **Arzberg** (579 m) ①. An der Raabbrücke enthält die uns genehme Wegtafel den Hinweis „Einstieg Große Raabklamm". Die Raab bestimmt die Gehrichtung – flussabwärts –, die Beschaffenheit der Uferwege bestimmt das Gehtempo, mitunter die Weglänge. Am **Lehbauersteg** (555 m) ② ergibt sich eine erste Möglichkeit zum Ausqueren: vom linken Ufer bergan zum „Dürntalwirt", Seehöhe 675 m.

Die nächste Möglichkeit zum Ausqueren, beim **Haselbachsteg** (550 m) ③, nutzen Leute eher weniger, weil man ab der Siedlung Haselbach, 633 m, nur entlang der Straße zum „Dürntalwirt" gehen kann.

Aus dem Passailer Becken anfließend zwängt sich die Raab ab Arzberg südwärts, v.l.n.r. Gösserwand, Große Raabklamm, Burgstaller Höhe

Der **Wehrsteg** (520 m) ④ – eine solide Fußgängerbrücke – besteht seit anno 1910. Damals errichteten die Weizer „Pichler-Werke" an dieser Stelle – inmitten der Raabklamm – ein Flusswehr. Mittels einer unterirdisch angelegten Druckleitung samt Fallrohr gelangt der größere Teil des Raab-Wassers in das Turbinenhaus, allgemein „E-Werk" genannt.

Am linken Ufer, wenig oberhalb des erwähnten Flusswehrs, bestehen ab dem „Konrad-Kahr-Platz" Ausquermöglichkeiten Richtung Leska, 521 m, oder (ebenfalls über Grillbichl) Richtung Mortantsch und Weiz, alternativ auch Richtung E-Werk und **Bushaltestelle Mortantsch Jägerwirt** (457 m) ⑧.

Allgemein steigt man vom „Konrad-Kahr-Platz" flussseitig ab. Das bessere Wegstück verläuft am linken Ufer, hingegen verbindet der innen liegende Weg durch ein steiles Waldstück zur Baudenkmal-Ruine **Fürstmühle** (510 m) ⑤. Auch hier informiert ein Tafeltext zur lokalen Historie am linken Ufer der Raab. Im anschließenden Steig-Abschnitt ermöglichen Felsstufen und ein Seilgeländer ein insgesamt gutes Fortbewegen entlang der steilen Lehne.

Über dem **Buchbauersteg** (490 m) ⑥ trotzt das wehrhaft situierte Schloss Gutenberg, 569 m, in den hier nur schmalen Himmel. Ein Gedanken-Anstoß: Am rechten Ufer der Raab leitet ein Steig schlosswärts, zusätzlich zum wehrhaft gemauerten

Kirchlein „Loreto", 660 m, miteingebunden die Gaststätte „Zum Loretowirt".

Konkret weiter: Unterhalb des „Buchbauersteges" verläuft der Raabklamm-Wanderweg an der linken Lehne, und zwar relativ hoch oberhalb der „Schlossklamm", so heißt dieser markante Abschnitt der Raabklamm.

Erst nahe am „Hofleitensteg" (auch von hier führt ein Steig Richtung Schloss Gutenberg) bzw. beim historischen **Kraftwerk** (460 m) ⑦ mündet der Raabklamm-Wanderweg in halbwegs ebenes Gehgelände. Ab demselben Kraftwerk hat die Raab wieder normalen Wasserstand. Auf Höhe der **Bushaltestelle Mortantsch Jägerwirt** (457 m) ⑧ endet die Große Raabklamm.

Als **Rückweg** dient allgemein die gleiche Strecke. Alternativ kann die Wanderung fortgesetzt werden Richtung Kleine Raabklamm und Mitterdorf an der Raab (siehe Tour 18) oder Richtung Mortantsch und Weiz (siehe Tour 20).

Die Wallfahrtskirche Loreto, nahe am Schloss Gutenberg

[20] Über Mortantsch und Göttelsberg nach Weiz

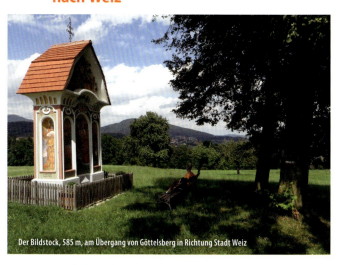

Der Bildstock, 585 m, am Übergang von Göttelsberg in Richtung Stadt Weiz

Eine typisch ÖV-affine Wanderstrecke

Zusammenhänge von Öffentlichem Verkehr und Wanderstrecken wollen entdeckt werden. Wer von der Bushaltestelle „Mortantsch Jägerwirt" in die Bezirksstadt Weiz wandert, nimmt wahr, dass Tourismus und ÖV-affiner Freizeitverkehr ausbaufähig sind. Ein derzeit überschaubarer Kreis gewillter Gäste nutzt Busse und Züge für Ausflüge. Dieser Anwenderkreis lässt sich erweitern, würde „Park and Ride" plakativ miteinbezogen im Sinne des Bonmots „Wandern mit Auto, Bus und Zug". Zur Wanderstrecke Jägerwirt–Weiz genügen – aus Richtung Graz – grundsätzlich Auto und Bus.

 2½ Std.   ↑ 200 Hm, ↓ 180 Hm   ca. 6 km

Ausgangsort: Stadt Weiz, 479 m. Anfahrt: B 72 Weizer Straße. Oder mit Bus bzw. Zug.

Park and Ride: Nahe der Bus- und Bahnhaltestelle „Weiz Zentrum".

Ausgangspunkt: Bushaltestelle „Mortantsch Jägerwirt". Zufahrt: mit Bus.

Endpunkt: Hauptplatz in Weiz. Von hier individuell zu Parkplätzen oder Haltestellen.

Charakteristik: Fahrwege, Naturboden, Gehwege, Nebenstraßen. Die gesamte Strecke ist grundsätzlich auch im Winter nutzbar.

Einkehr: Gasthaus „Zum Stadl" (R: So, Mo), Essen vorbestellen; Herbert Nistelberger, Tel. +43 3172 44668.

NÖRDLICHE OST-STEIERMARK

Ab der **Bushaltestelle Mortantsch Jägerwirt** (457 m) ①, in Richtung Große Raablamm, zum **Kraftwerk** (460 m) ②. An einem Waldhang leitet der Steig zur **Siedlung Mortantsch** (545 m) ③. Wir gehen die Straße abwärts zum blauen Hydranten. Links weiter: Die uns dienende Straße leitet zum Gehöft Knöbl: In Sichtweite davor die Hofzufahrt abwärts zum Mortantschbach (Brücke, 481 m) und an der Straße zur nahen **Gaststätte Zum Stadl** (485 m) ④, einst „Literwirt" genannt.
Bergseitig von derselben Straße leitet ein Stichweg zu einem Objekt am Waldrand. Ein Fußweg erschließt in diagonaler bzw. nordöstlicher Richtung das Waldstück. Diese Waldweg-Passage endet nahe der Bushaltestelle „Göttelsberg Hafningweg". Ab hier ist die uns nützliche Wanderstrecke identisch mit dem örtlichen „Natur-Erlebnisweg". In Richtung der Häuser Nr. 247–251 erreichen wir wieder die Landesstraße. Im Ortsgebiet Göttelsberg dient ein Gehsteig als Zugang zum höchsten, zugleich schönsten Punkt dieser Wanderstrecke: Die **Schwarz-Kapelle** (585 m) ⑤ – ein Bildstock von anno 1777 – wird von riesenhaften Linden flankiert; unterhalb dieser ist ein Rastplatz eingerichtet.
Wir gehen entlang eines Weidegrundes abwärts zum Waldrand, erreichen darin den örtlichen Waldlehrpfad. Dieser leitet durch den „Hofstattwald". Wir erreichen einen **Hochbehälter** (515 m) ⑥, anschließend weithin frei überschaubaren stadtnahen Naturraum.

In der Stadt Weiz; die St.-Thomas-Kirche am Tabor, 479 m, und der Hauptplatz

Schon lugt das Keildach des Tabor-Kirchturms hervor: Die **Bezirksstadt Weiz** (479 m) ⑦ nimmt uns auf.

Auch in diesem Fall gilt das Wort: Angekommen bist du erst, wenn du wieder zu Hause bist. Das setzt voraus, den Abschluss der Wanderung rechtzeitig zu planen, wie eingangs empfohlen.

Der „Schraubenmensch" steht an der Rad- und Fußweg-Überbrückung des Bahnhofs Weiz

NÖRDLICHE OST-STEIERMARK

[21] Rundtour am Rabenwaldkogel, 1280 m

Die Westseite am Rabenwaldkogel, 1280 m. Die Wanderstrecke verläuft im Uhrzeigersinn.

Der talkhelle Fleck am waldgrünen Berg

Wer auf dem Schöckl ostwärts schaut, dem fällt ein heller Fleck auf: „Ahhh, dort ist das Talkum-Bergwerk am Rabenwald ..." Diese Landmarke hat ihr Gegenstück im Feistritztal nahe Anger: Auch die „B 72, Weizer Straße" unterquert die Materialseilbahn, welche den am Berg geschürften Talk in das Werk Oberfeistritz anliefert. Der Weitertransport erfolgt mit Lastkraftwagen.
Auf der einst landeseigenen „Feistritztalbahn" ist seit Jahren der Personen- und Güterverkehr eingestellt. Die ursprüngliche Eisenbahnstrecke, Weiz–Birkfeld–Ratten, war anno 1911 in Betrieb genommen worden. Mittlerweile wurde die Bahntrasse Ratten–Birkfeld in den „R8 Feistritztal-Radweg" integriert.
Laut Gesetzeslage gibt es auch auf der Strecke Weiz–Anger–Birkfeld keinen Eisenbahnbetrieb mehr, obwohl während der Sommersaison planmäßig Dampfzüge verkehren. Die aktuell betriebene „Feistritztalbahn" ist eine Museumsbahn; als solche gehört sie – so die österreichische Interpretation – zum Kompetenzbereich „Veranstaltungen".
Ausflüge im Umgebungsbereich des Feistritztales sind umfassend interessant, weil eingebettet in sonnseitiges Kulturland und urwüchsige Natur. Hinzu kommt familienfreundliche und gleichermaßen bodenständige Gastlichkeit wie im „Forellen-Gasthof Falkenbauer". Der Siedlungsbereich Baierdorf-Umgebung ist mehrere Ausflüge wert. Westwärts überschaut man den Zetz-Höhenrücken (siehe Tour 15); von dort nimmt man nahezu die gesamte, westseitig verlaufende Wegstrecke des hiermit empfohlenen Rabenwald-Ausfluges wahr. Ab Baierdorf bei Anger verbindet eine Art Panorama-Bergstraße – über Rubland und den Rabenwaldsattel, 1020 m – in den „Naturpark Pöllauer Tal" (siehe Tour 11). Aus dem derart einfach erreichbaren Rabenwaldsattel leiten Wandwege südwärts, zusätzlich nordwärts, in Zusammenhang mit dem drei Kilometer langen „Kräuterpfad der Sinne" und daran situierten „Alpenkräutergarten".

Apfelland · Stubenbergsee · Feistritztal　　　　　　　　　**Tour 21**

 3¾ Std. ca. 550 Hm ca. 11,5 km

Ausgangsort: Baierdorf bei Anger, 663 m. Anfahrt: von der B 72 Weizer Straße.

Ausgangspunkt: „Forellen-Gasthof Falkenbauer" (R: Mo, Di); Familie Sallegger, Tel. +43 3175 2390. Zufahrt: 4,5 km ab dem Kreisverkehr an der B 72 (nahe Anger); von der 14-Nothelfer-Kirche über „Brand" – oder von der Firma „Ada" – bergwärts nach Maierhof und darüber hinaus.

Charakteristik: Naturboden und Nebenstraßen. Die gesamte Strecke ist grundsätzlich auch im Winter nutzbar.

Tipp 1: Ausflüge mit der „Feistritztalbahn"; www.feistritztalbahn.at.

Tipp 2: Besuch im „Alpenkräutergarten", Seehöhe 1000 m; Zufahrt von der Rabenwaldstraße an der Pöllauer Seite; zu Führungen anmelden bei Familie Käfer, Tel. +43 3335 2085 oder +43 699 11101447; www.alpenkraeutergarten.at.

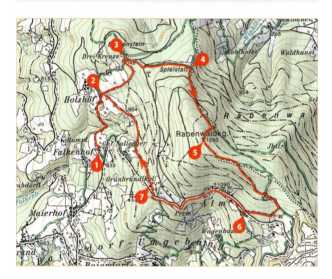

Der Rabenwaldkogel ist viele Besuche wert. Der talkhelle Fleck am waldgrünen Berg wirkt weithin als eine Landmarke. Mehr noch: als eine beständige Einladung.

Ab dem **Forellen-Gasthof Falkenbauer** (835 m) ① verbinden Flurwege zum benachbarten Gehöft Derler vulgo **Holzhöf** (910 m) ②. Der Weg Nr. 921 leitet zur markanten **Weggabel**, genannt **Drei Kreuze** (1048 m) ③. Entlang des Weges Nr. 922 erreicht man die **Spielstatt** (1099 m) ④. Anschließend führt der Weg Nr. 10 (Richtung Anger) zum Vorgipfel. In lichtem Waldgelände erfolgt der Übergang zum Gipfelkreuz auf dem **Rabenwaldkogel** (1280 m) ⑤. Bäume umstehen den Rastplatz. Auch ein am Felsen lose liegendes Sitzbrett lädt zum Innehalten ein. Nah am Kreuz steht ein gezimmerter Messtisch.

Aus einer Erinnerung flechten wir ein: Inmitten des Monats Februar herrschte auf dem „Rabenwaldgipfel" stimmungsvolle Winterruhe wie um Weihnachten. Konkret jedoch war in zwei Wochen der Beginn des meteorologischen Frühlings zu erwarten. Dieser war bereits unterhalb des Bergwaldes eingezogen.

Der **Abstieg** erfolgt zunächst ebenfalls entlang des Weges Nr. 10; daran weist eine Tafel zum „Steinernen Tisch". Auf der nächsten Tafel steht „Almhiaslweg". Über die Weggabel hinaus leitet der Weg Nr. 10 zur **Rabenwaldstraße** (1110 m) ⑥. An ihr gehen wir abwärts, nehmen wahr die Bushaltestelle „Hirzberger", danach ein Wegkreuz, schließlich den Haltestellennamen „Grünbündl" (sic!). Ein ebener Fahrweg leitet uns zur **Grünbründl-Kapelle** (992 m) ⑦. Der schlank geformte Sakralbau wurde im Jahr 1833 errichtet. Je ein Text beschreibt „Maria am grünen Bründl", die Glasfenster, die Kapelle und den „Ursprung des gnadenvollen Muttergottesbildes".

Ab hier durch das anschließende Waldstück. Danach, entlang überwiegend eben verlaufender Fahrwege, leiten dürftige Wegzeichen zum Gehöft Derler vulgo **Holzhöf** (910 m) ②. Das eingangs erwähnte Wegstück schließt beim **Forellen-Gasthof Falkenbauer** (835 m) ①.

Erholsam, dank Höhenluft und Gelände, ist die Umgebung am Forellen-Gasthof „Falkenbauer", 835 m

[22] Heiliges Grab, Kranzl und die Geierwand, 636 m

Stubenberger Grafen stifteten die Wallfahrtstätte „Heiliges Grab", 531 m. Anno 1660 begannen erste Bauarbeiten.

Ein Hauch steirischer Landesgeschichte

Johann Maximilian Graf von Herberstein (1631–1680), Landeshauptmann der Steiermark, ließ oberhalb der bereits anno 1419 genannten „Klause" – die markante Engstelle an der Feistritz – dieses „Heilige Grab" errichten. Die beiden dazugehörenden Kapellen wurden Mitte des 18. Jahrhunderts errichtet, bereits davor war die steinerne Kreuzigungsgruppe entstanden.

Mit der steirischen Landesausstellung anno 1986, „Brücke und Bollwerk", geriet das Schloss Herberstein zu internationalem Ansehen. Jedoch, nichts währt ewig. Auf jeden Gipfel folgt ein Tal.

In der Gegenwart dominiert der Name „Herberstein" in Zusammenhang mit dem vom Land Steiermark adoptierten Tierpark, aktuell „Tierwelt Herberstein" genannt. Bereits in das ursprüngliche Gehege wurde die eingangs erwähnte „Klause" integriert. Seither ist es nicht mehr möglich, ab Stubenberg entlang der Feistritz nach St. Johann zu wandern; konsequenterweise führt der „R8 Feistritztal-Radweg" außen herum.

Einen Gesamtüberblick, auch zum besseren Verständnis der Ist-Situation, ermöglichen das „Kranzl" und die „Geierwand". Beide öffnen breite Horizonte. Während dieses Ausfluges kommt man zweimal zum Kraftplatz „Heiliges Grab". Während beim ersten Kontakt kreative Unruhe zum Weitergehen drängt, keimt während des zweiten Kontakts – man erfühlt den nahen Endpunkt des Ausfluges – innere Gelassenheit. Gern verweilt man länger, nimmt neues Licht wahr an den sakralen Objekten und, insgesamt, Zeit und Raum.

3½ Std.   ca. 400 Hm   ca. 10 km

Talort: St. Johann bei Herberstein, 421 m. Anfahrt: B 54 Wechselstraße.
Ausgangspunkt: „Bachwirt Prettenhofer", Tel. +43 3113 2262.
Charakteristik: Nebenstraßen, Naturboden. Die gesamte Strecke ist grundsätzlich auch im Winter nutzbar.
Einkehr: Landgasthof „Riegerbauer" (R: Mo–Mi); Familie Allmer, Tel. +43 3113 2301.
Tipp: Ausflüge in der Umgebung; siehe www.tierwelt-herberstein.at und www.freizeitpark-stubenbergsee.at.

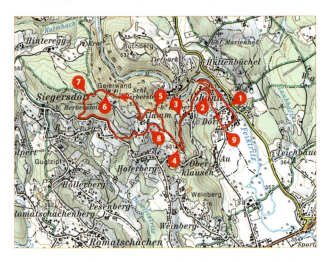

In St. Johann bei Herberstein – konkret nahe am **Bachwirt** (360 m) ① bzw. Gasthaus Prettenhofer – überquert man die Feistritzbrücke und geht flussaufwärts. Gegenüber der Holzbrücke, 365 m, weist ein Pfeil zur **Kirche** (421 m) ②. Schmuck gestaltete Tafeln informieren zum „Historischen Rundweg"; dieser leitet zum **Gasthof Riegerbauer** (435 m) ③ und über die Rosalienkapelle zur sakralen Stätte **Heiliges Grab** (531 m) ④.
Ein Waldsteig führt zum **Aussichtspunkt Kranzl** (536 m) ⑤. Der Weg Nr. 771 verbindet den nordöstlichen Ortsrand von „Siegersdorf Klamm" mit dem Kogel samt dem **Rastplatz über der Geierwand** (635 m) ⑥.

Vom Aussichtspunkt am „Kranzl", 550 m, zur Kirche in St. Johann bei Herberstein, 421 m

Rückweg: Entlang des Weges Nr. 16 erreicht man die **Weggabel** (540 m) ⑦ an der Siegersdorfer Straße. Dieser folgt man in den Ort **Siegersdorf Klamm** (570 m) ⑧. Ein Fahrweg leitet südwärts. Man erreicht – oberhalb der „Buschenschank Kober" – einen Rastplatz am „Weinlehrpfad", ein paar schöne Augen-Blicke später den Kraftplatz **Heiliges Grab** (531 m) ④. Daran reihen sich die Rosalienkapelle und der **Gasthof Riegerbauer** (435 m) ③.
Nach der **Kirche** (421 m) ② folgt man noch kurz der Straße und geht aus ihr geradewegs abwärts in die **Siedlung Dörfl** (370 m) ⑨. Im Talboden kehren wir zurück zum **Bachwirt** (360 m) ① bzw. Gasthaus Prettenhofer in St. Johann bei Herberstein.

Überblick vom „Kogel" an der Geierwand zum Stubenbergsee sowie Richtung Stubenberg, Rabenwaldkogel

[23] Maria Fieberbründl und Schielleiten

Die Südfassade am Schloss Schielleiten, 409 m, ist dem Parkbereich zugewandt

Aus dem Dunkel zum Licht – und zurück

Kontraste haften der gesamten Rundwanderstrecke an – auch bezüglich Markierung und Beschilderung. Empfehlenswert ist auch die Alternative, Fieberbründl und Schielleiten getrennt zu besuchen. Deren jeweilige Umgebung lädt ein zu individuell gestaltbaren Spaziergängen. Um Fieberbründl breitet sich Waldgelände, miteingeschlossen die frei zugängliche Gradieranlage; ein mystisch anmutender Gesundheitsbereich.
Hingegen umgibt Kulturland, zusätzlich ein frei zugänglicher Park das als Bundessport-Freizeitzentrum (BSFZ) genutzte Schloss Schielleiten. Teiche und Sportstätten – „Bitte, nicht betreten" – beleben das Erscheinungsbild dieses erholsamen Kultur- und Naturraumes.

 2½ Std.   nicht nennenswert   ca. 7 km

Ausgangsort: Maria Fieberbründl, 401 m. Anfahrt: B 54 Wechselstraße.
Ausgangspunkt: Parkplatz am Gasthaus „Kirchenwirt Durlacher" (R: Di, Mi), Tel. +43 3334-2343; www.kirchenwirt-durlacher.jimdo.com.
Charakteristik: Fahrwege, Nebenstraßen, Parkwege, Waldwege. Die gesamte Strecke ist grundsätzlich auch im Winter nutzbar.
Einkehr: „Sport-Café" und Restaurant, Tel. +43 3176 8811; www.schielleiten.bsfz.at.

Apfelland • Stubenbergsee • Feistritztal　　　　　　　　　Tour 23

Die Gnadenkapelle „Maria im Elend" (erbaut 1879) und die Bethalle (errichtet 1894) wurden im Jahr 1954 verbunden. Daraus entstand die **Wallfahrtskirche Maria Fieberbründl** (401 m) ①. Wir spazieren zur Gradieranlage, genannt Waldkapelle. Das aus Lärchenholz gezimmerte Objekt besteht seit anno 2006. Das darin rieselnde, träufelnde Wasser unterstützt – nach Kneipp-Methode – die Atemwege. Die Gradieranlage kann während des Zeit-

Quelle Maria Fieberbründl, 401 m

Anno 1954 entstand, aus zwei Baukörpern gefügt, die Wallfahrtskirche „Maria Fieberbründl", 401 m

Wegweiser in Maria Fieberbründl, 401 m

raumes April bis Oktober und jeweils tagsüber bis in den späten Abend frei genutzt werden. Anschließend leitet der Weg Nr. 7 über einen Steg. Waldsteige und Wiesenwege verbinden zum **Weiler Waldhof** (415 m) ②. Ein Fahrweg führt zu einem Gedenkstein (errichtet für Rayons-Inspektor Andreas Haas), auch zu einem Teich und zur **Zinglkapelle** (400 m) ③; an ihr ist die Jahreszahl „1860" angeschrieben. Entlang der Flurstraße spazieren wir zum südlich liegenden Schlossteich. Davor zweigt man links ab. Am Fuß des Dammes leitet ein Fahrweg zu einer Sportanlage. Ab hier erschließen Fußwege den Schlosspark. In Sichtweite prangt das **Schloss Schielleiten** (409 m) ④. Gegenüber ist das „Sport-Café" eingerichtet.

Rückweg: Die gleiche Strecke zurück nach **Maria Fieberbründl** (401 m) ①.

[24] Apfeldorf Puch, der Kulm, 975 m, und das Keltendorf

Ursprünglich hatte das Museum „Kulm-Keltendorf" in Gipfelnähe gestanden. Nach dem Jahr 2010 erfolgte die Übertragung zum aktuellen Standort.

Aus dem „Apfeldorf Puch" wieder ungehindert auf den Kulm

Der Apfel ist das Symbol dieser zum politischen Bezirk Weiz (WZ) gehörenden Kleinregion. Darin dominiert der Kulm. An diesem kulturhistorisch bedeutsamen Berg herrscht – wieder – friedvolle Stimmung, sinngebend wahrnehmbar an der weißen, westwärts blickenden Madonna.
Die beim Gipfelkeuz situierte Orientierungstafel erklärt das 360-Grad-Panorama. Darin einbezogen sind die Seetaler Alpen ebenso wie das Grazer und das Weizer Bergland sowie der pannonische Raum und der südsteirische Raum.
Das kleine, feine, nahe am Gasthof „Ackerwirt" situierte Freilichtmuseum „Kulm-Keltendorf" hat dort seinen besseren Standort; der ursprüngliche lag auf dem Kulm und war objektiv sinnhaft, jedoch intersubjektiv bedingt nicht haltbar. Selten ein Schaden, wo nicht auch ein Nutzen: Titus Lantos, er hat das „Kulm-Keltendorf" gegründet, kann darauf vertrauen, sein Lebenswerk bleibt bestehen.

NÖRDLICHE OST-STEIERMARK

 3¾ Std. ca. 550 Hm ca. 9 km

Talort: Puch bei Weiz, 449 m. Anfahrt: B 72 Weizer Straße.

Ausgangspunkt: Parkplatz am Freibad. Oder Landgasthof „Zum Bäck"; Familie Eitljörg-Scholz, Tel. +43 3177 2204; www.zumbaeck.at.

Charakteristik: Gehwege, Nebenstraßen, Naturboden. Die gesamte Strecke ist grundsätzlich auch im Winter nutzbar.

Einkehr: Gasthof „Ackerwirt" (R: Mo–Mi), Kulming 14; Familie Schwarz, Tel. +43 3177 2455; www.ackerwirt.at.

Tipp: Kulm-Keltendorf, 1. Mai bis 26. Oktober (R: Mo), Tel. +43 699 11999052; www.kulm-keltendorf.at.

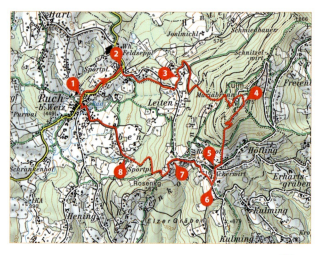

Aus der Mitte des Apfeldorfes **Puch bei Weiz** (449 m) ① die Straße bergan zum „Steiermark Shop" und zur wenig oberhalb situierten **Hoadnbauer-Kapelle** (495 m) ②, geweiht Johann und Paul. Nahe davon, auf einer Tafel, steht die Frage: „Wer mag Bäumen zuhören?" Zitat: „Als ich gepflanzt wurde, gab es kein Auto, kein Motorrad, keinen Fernseher – dafür gab es Schlittenfahren auf der Kulmstraße und Liebesbriefe in der Astgabel …"

Wortecht kunterbunte Wegzeichen leiten kulmwärts. Oberhalb des Wohnobjekts **Kulmhof** (620 m) ③ weist eine Tafel in den „Kulmsteig". Dieser verläuft durch Bergwald und quert den „Kögerl-Rundweg". Die breite Kuppe auf dem **Kulm** (975 m) ④ gleicht einem Spaziergelände, wahrhaftig auf einem Höhepunkt.

Die Orientierungsplatte auf dem Kulm, 975 m. Blickrichtung Stubenbergsee, 380 m.

Nahe des Gipfelkreuzes ist eine Orientierungsplatte montiert; an ihr lässt sich das 360-Grad-Panorama verlässlich wahrnehmen.

Rückweg: Den südwestseitigen Bergrücken abwärts zum „Heilandkreuz". Ein steiler Waldsteig leitet südseitig zum **Ackerwirt** (716 m) ⑤. In Sichtweite steht das Lebenswerk des in Pischelsdorf ansässigen Historikers Titus Lantos: das **Kulm-Keltendorf** (680 m) ⑥. Eine Stunde Aufenthalt vergeht wie im Flug.

Ein ebener Fahrweg verbindet zur Kulmstraße. An ihr gehen wir abwärts. Vor dem **Haus Bergfriede** (650 m) ⑦ weist eine gelbe Pfeiltafel Richtung Puch. Der Weg Nr. 12 führt an der Nordseite des Rosenkogels abwärts, auch durch ein Waldstück, zum **Sportplatz** (450 m) ⑧ in der Siedlung Eben. Nahe am Freibad schließt die Rundstrecke: Ein kurzer Gegenanstieg führt in das Apfeldorf **Puch bei Weiz** (449 m) ①.

Am Kulm, nahe Heilandkreuz, 940 m, Gehrichtung Ackerwirt

[25] Am Auffener Turm und Harter Teich

Standort Auffener Turm, Plattform, 470 m, Blickrichtung Kirche Auffen, 437 m

Wasser und eine Straußenfarm dominieren in der Turm-Umgebung

Nomen est omen: „Auffen" heißt das Dorf, und dieses ermöglicht seinen Gästen „Aufsteigen aus eigener Kraft". Der in hohen Maßen innovativ gestaltete, oktogonal geformte Holzturm überragt die Dorf-Umgebung. Gut für das Ortsbild, gut für das kulturbezogene Selbstverständnis: Die Marien-Wallfahrtskirche, von anno 1718, steht im Dorf. Jedoch einen Augen-Blick darüber hinaus ragt der Aussichtsturm himmelwärts. Ihn zu ersteigen, daran ist vielen Gästen gelegen.
Am 5. August 2006 wurde der „Kneipp-Bewegungs-Turm" eröffnet; er gilt als „größte Säule auf einem achteckigen Grundriss": Die Turmhöhe misst 33 Meter. 181 Stufen führen zur Plattform; diese liegt exakt 30,5 Meter über dem Boden. Johann Riebenbauer (Graz) plante dieses in seiner Art einzigartige Oktogon. Der Aussichtsturm ist frei zugänglich. An der Plattform-Brüstung sind Pulttafeln montiert. An den beschrifteten Fotos lässt sich das 360-Grad-Panorama nachvollziehen.

 1¾ Std.   ca. 50 Hm, + 33 Hm (Turm) ca. 5 km

Ausgangsort: Auffen, 437 m. Anfahrt: von der A 2 Südautobahn, Ausfahrt „Bad Waltersdorf".
Ausgangspunkt: Parkplatz, nächst Aussichtsturm.
Charakteristik: Naturboden, Nebenstraßen. Die gesamte Strecke ist grundsätzlich auch im Winter nutzbar.
Einkehr: „Harter Teichschenke", Do–So+Fei, im Juli und August auch an Mi, Tel. +43 664 2320683; www.harter-teichschenke.at. In Neusiedl „Buschenschank Fleck-Heuer" (R: Di), Tel. +43 3386 7158.
Tipp: „Straußenpark Lindenhof"; anmelden am Gasthof „Lindenwirt" (R: Mi), Familie Weber, Tel. +43 3333 2320; www.straussenwirt.at.

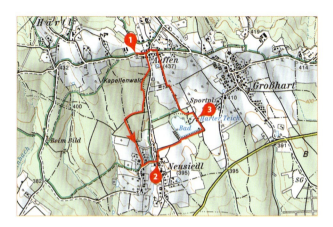

Nach erfolgter Turm-Besteigung in **Auffen** (437 m) ① beginnt der Rundspaziergang, orientiert am „Atem-Aktiv-Rhythmus-Weg" („A 5"). Jeder Haltepunkt enthält eine Affirmation. Die Station zwei offeriert die bejahende Aussage: „Fest verwurzelt wie ein Baum stehe ich im Leben …" Für das Wild scheint die Situation gegensätzlich: Zwischen den Haltepunkten vier und fünf steht ein Hochsitz, von welchem aus über Leben und Tod des Wildes entschieden werden kann. Auf den Haltepunkt fünf folgt der Hinweis „Buschenschank Fleck-Heuer" in **Neusiedl** (395 m) ②. Am Teich liegt die sechste Station; festgemacht ist ein Kahn. Eine Tafel weist die Gehrichtung. Auf Höhe der Ortstafel ermuntert der Haltepunkt sieben: „Ich lasse Energie fließen."

Auffener Turm, Basis 440 m, Turmhöhe 33 m, Plattform in 470 m Seehöhe

Der Waldrand verbindet mit dem „Graureiherweg"; dieser leitet zur **Harter Teichschenke** (410 m) ③. Die abschließende Wegstrecke führt auf Höhe der Straußenfarm zum Haltepunkt elf, „Ich bin gefestigt in meiner Mitte". In Rufweite liegt das Dorf **Auffen** (437 m) ①.

NÖRDLICHE OST-STEIERMARK

[26] Kunst und Natur: Bad Blumau und Leitersdorfberg

Das weltweit größte begehbare Kunstwerk – die Therme „Rogner Bad Blumau"

Das weltweit größte begehbare Kunstobjekt

Das im Mai 1997 eröffnete „Rogner Bad Blumau" nennt der Volksmund „Hundertwasser-Therme" und ehrt damit den kunstsinnigen Architekten: Friedensreich Hundertwasser stammt aus Mähren und hieß ursprünglich Stowasser. Eine seiner Thesen lautete: „Die Natur kennt keine Gerade." Mit seinen gleichermaßen farbenfroh wie dynamisch gestalteten Objekten erlangte der Bau-Künstler nachhaltigen Weltruf. Sein umfangreiches Lebenswerk gipfelt in der „Therme Blumau" – für Hundertwasser das „weltweit größte begehbare Kunstobjekt". Umgeben von einem weitreichenden Natur- und Kulturraum. Darin bewegen auch wir uns in bevorzugter Weise: aus eigener Kraft.

 3½ Std. ca. 185 Hm ca. 12 km

Ausgangsort: Bad Blumau, 284 m. Anfahrt: A 2 Südautobahn, Ausfahrt „Ilz-Fürstenfeld" oder „Bad Waltersdorf". Oder mit dem Zug.

Ausgangspunkt: Parkplatz bzw. Übersichtstafel am Tagesbesucher-Eingang der Therme Blumau. Zufahrt: aus der Ortsmitte ca. 1 km. Zugang: ca. 10 Min. ab der Bahnhaltestelle „Bad Blumau".

Charakteristik: Naturboden, Nebenstraßen, Forststraßen. Die gesamte Strecke ist grundsätzlich auch im Winter nutzbar.

Einkehr: „Bergstadl" (R: Mi), Buschenschank mit „Bauernladen" (Ab-Hof-Produkte), Tel. +43 3333 3977; www.bergstadl.com.

Safental · Thermenland — **Tour 26**

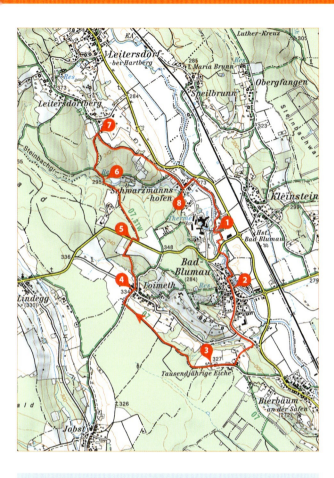

Tipp 1: Spazieren im „Thermenpark" (Fläche 13 ha); dieser enthält die „Weidenblume" und einen 1500 m² großen Grundwasserteich.

Tipp 2: Besuch im Dorfmuseum, „Heilwurz & Zauberkraut", in der Ortsmitte von Bad Blumau; www.bad-blumau.com.

Tipp 3: Hausführungen im „Rogner Bad Blumau"; Treffpunkt an der Kassa, Tel. +43 3383 51009802; www.blumau.com.

Tipp 4: Vom „Bergstadl" beliebig weit nordwärts, beispielsweise zum Bildstock beim Gehöft Heschl. Eventuell auch bis Bad Waltersdorf; Rückfahrt mit Bus, Zug oder Taxi nach Bad Blumau.

NÖRDLICHE OST-STEIERMARK

Die „Tausendjährige Eiche" steht am Ostösterreichischen Weitwanderweg 07

Ab dem Tagesbesucher-Parkplatz vor der **Therme Blumau** (275 m) ① spaziert man, bachabwärts, zum Thermenpark, streckt sich hier oder dort auf einer Liege aus, um anschließend den „Grundwasserteich" zu umrunden.

Felsblöcke leiten darüber und Gänge unterkreuzen die „Weidenblume". Eine Holzbrücke verbindet an das rechte Ufer der Safen. Nach wenigen Schritten steht man vor dem **Gemeindeamt Bad Blumau** (284 m) ②. Bereits auf Höhe der Kirche öffnet sich weit reichender Überblick.

Vom südlichen Ortsrand an der Straße nähern wir uns der Kreuzung, 275 m, gehen vom Bildstock bzw. von der Tafel „Nat(o)ur" die Straße abwärts zur Waldecke, 270 m, Tafel „Nat(o)ur". Trittspuren leiten am Waldrand und im Waldstück bergan zu einer Straße. An ihr steht die **Tausendjährige Eiche** (327 m) ③: ein Natur-Denkmal von Sonderwert.

Hier geht's zum „Rogner Bad Blumau"

Dorf Bad Blumau, Bauernhaus

Der Weitwanderweg Nr. 07 (WW 07) – identisch mit der Flurstraße – verbindet zum Teich samt Rastplatz in **Loimeth** (334 m) ④. Ab dem Bildstock führt der WW 07, leicht bergan, zur **Landesstraße** (350 m) ⑤; diese überquert man und gelangt, durch Waldgelände abwärts, zu einer Furt am **Steinbach** (295 m) ⑥. Anschließend leitet derselbe markierte Weg aufwärts, in den Siedlungsraum „Leitersdorfberg", konkret zur **Buschenschank Bergstadl** (350 m) ⑦. Ob man hier wendet oder, wie oben erwähnt, dem „Tipp 4" folgt? Schön ist's hier überall, einladend für ein Wiederkommen und ein neues Ziel.
Rückweg: Vom Bergstadl und dem Wegweiser „Therme Blumau 2,8 km" zum Gehöft Lang und zum Rand dessen Erdbeerfeldes. Den Fahrweg abwärts, an den Fuß von Leitersdorfberg. An der Straße zum solid eingerichteten Rastplatz nächst der **Bushaltestelle Schwarzmannshofen** (273 m) ⑧; gegenüber zur Brücke. Am linken Ufer der Safen – hier leben und nagen Biber – abwärts und schließlich zum Tagesbesucher-Parkplatz vor der **Therme Blumau** (275 m) ①.

[27] Burgau, Burgauberg und der „Kuruzzenweg"

Diese nachgebaute „Tschartake" steht am rechten Ufer der Lafnitz. Solche Wachtürme sicherten bis in das 19. Jahrhundert den Grenzraum.

Spuren und Wahrnehmungen zur Geschichte an der Grenze

Die mäanderreiche Lafnitz trennte, während fast eintausend Jahren, Österreich und Ungarn. Konkret seit der Schlacht auf dem Lechfeld (nahe Augsburg), anno 955, bis zur Staaten-Neuordnung in Europa: Im Jahre 1921 wurde das zuvor westungarische Territorium als „Burgenland" in Österreich eingegliedert. Wo seither die steirisch-burgenländische Landesgrenze verläuft, verlief zuvor die österreichisch-ungarische Staatsgrenze.

Die Steiermark gehört seit dem Jahr 1192, mit Unterbrechungen, zu Österreich und galt währenddessen als „Hofzaun des Reiches". In den Jahren 1529 bis 1683 war die österreichisch-ungarische Grenze mehrmals durch osmanische Eroberungszüge (im Volksmund „Türkenkriege" genannt) bedroht gewesen. Um 1604 brandschatzten „Hajduken" die Grenzgebiete. Die derart genannten ungarischen Söldner setzten damit Zeichen gegen die aus Österreichs Kaiserhaus lancierte Rekatholisierung. In den Jahren 1704 bis 1709 übten „Kuruzzen" Überfälle aus, unterstützt von ungarischen Adeligen. Diese wollten die Gegenreformation abwehren, insbesondere den jeweiligen Kaiser (Leopold I., Joseph I.) zu einer Revision der Ungarn-Politik bewegen.

Am „Kuruzzen-Wanderweg" erläutern Bilder und Texte historische Handlungsabläufe und deren politische Hintergründe. Eine „Tschartake" bzw. ein landschaftstypischer Grenzwachtturm wurde nachgebaut. Die gleicherart historischen Wachtürme standen entlang der Lafnitz, auf steirischem Boden, und dienten der Sicherung vor Überfällen aus Richtung Ungarn.

Aktuell verläuft die steirisch-burgenländische „nasse Grenze" außerhalb der Lafnitz dort, wo deren Flussbett sich änderte. Das allgemeine, grenznahe Szenario ist vielschichtig. Wer in Burgauberg auf der Aussichtswarte steht, nimmt umfassende Grenzbereiche wahr, übergeordnet das „Ramsargebiet Lafnitztal".

Lafnitztal • Thermenland   **Tour 27**

⏱ 2½ Std.   ⬆ ca. 150 Hm   📏 ca. 8,5 km

Ausgangsort: Burgau, 280 m. Anfahrt: A 2 Südautobahn, Ausfahrt „Ilz-Fürstenfeld" oder „Bad Waltersdorf".

Ausgangspunkt: Parkplatz, nächst Schloss Burgau.

Charakteristik: Gehwege, Naturboden, Nebenstraßen. Die gesamte Strecke ist grundsätzlich auch im Winter nutzbar.

Einkehr: Gasthaus Bleier, geöffnet Mi–Sa, Tel. +43 664 2000403.

Tipp 1: Kulturzentrum im Schloss Burgau. Ursprünglich ein Wasserschloss; 1367 erstmals urkundlich erwähnt.

Tipp 2: Strandbad Burgau (Naturteich).

Tipp 3: Vom Gemeindeamt in Burgauberg ca. 1 km zur Buschenschank „Zum Kuruzzen" (R: Di); Tel. +43 664 1410071; www.kuruzzen.at.

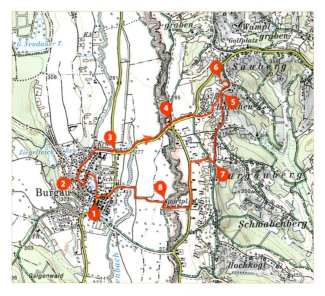

Ab dem **Schloss in Burgau** (280 m) ① umgeht man, in einem Linksbogen und auf Parkwegen, den nordseitigen Strandbad-Bereich. Die Infotafel „Landwirtschaft im Grenzraum" stimmt uns auf nachfolgende grenzaffine Zusammenhänge ein. Wir orientieren uns an der **Kirche** (303 m) ②; anschließend an der Infotafel „Türkischer Sterz … Kulinarik im Grenzraum" und gehen Richtung Ortsende.

An der **Kreuzung** (280 m) ③ bzw. auf Höhe der Kilometer-Marke 16,825 quert der Wanderweg die Landesstraße, anschließend die hier nördlich liegende Lobenbachbrücke, 277 m. Wegweiser, Rastbänke und Stelen säumen die Wanderstrecke. Diese erschließt, west-ostwärts, den breiten Lafnitztalboden. Umfassende Ausblicke reichen beispielsweise Richtung Hochwechsel.

An der **Lafnitzbrücke** (275 m) ④, zugleich Landesgrenze, steht die Tafel „Willkommen im Burgenland". Geflügelte Figürchen am Fluss, der Infopunkt „Die Pfeffer-Paprika-Linie …" und ein bunt beworbenes Atelier beleben das Gehen. Auf das Gasthaus Bleier folgt der Gruß „Willkommen in Burgauberg". Dennoch. Ernsthaftes zieht auf: „Geschichte an der Grenze" und die Erklärung „Unser Wappen". Ein paar Gehminuten später nehmen wir einen Gedenkstein wahr, gewidmet einem „Opfer der Landnahme des Burgenlandes im August 1921". Die Infotafel „Spurensuche" erhellt etymologisch bedingte Zusammenhänge, wie beispielsweise Bekleidung, Güter, Speisen.

Ab der mit Infotafeln bestückten **Kreuzung in Burgauberg** (350 m) ⑤ rückt unser Ziel näher. Über dem Hochbehälter des „Wasserverbandes Thermenland" steht die bescheiden dimensionierte, dennoch effektiv wirkende **Aussichtswarte** ⑥ (370 m). Deren großflächige, frei betretbare Plattform ermöglicht dutzend Personen gleichzeitigen Aufenthalt. Im Nahbereich stehen

Der „Kuruzzen-Wanderweg" erreicht seinen höchsten Punkt auf dieser Plattform am Burgauberg, 370 m.

Das Schloss Burgau, 280 m

Infotafeln; in einem der Texte ist die Lafnitz gesamtheitlich beschrieben. Am Geländer der Plattform sind beschriftete Panoramen montiert. Übersicht und Orientierung scheinen perfekt – sichtiges Wetter vorausgesetzt.

Rückweg: Auf der gleichen Strecke zurück zur **Kreuzung in Burgauberg** (350 m) ⑤. Stelen, Wegkreuze – darunter das „Ferstlkreuz" – und Infopunkte widerspiegeln Inhalte des Kulturraumes Burgauberg-Neudauberg samt Schwabenberg. Am Wohnobjekt Nummer 36 an der **Höhenstraße** (320 m) ⑦ zweigt man talwärts ab.

Am Rastplatz, in 295 Meter Seehöhe, sind die „Überfälle auf die Berglersiedlungen" beschrieben. Nach dem Banner „zeitreise" bzw. nach dem Möbelwerk Ehrenhöfer leitet im Talboden ein Fahrweg an die Lafnitz heran.

Mit dem Überschreiten der Flussmitte verlassen wir das Burgenland. Am rechten Ufer und auf steirischem Boden steht die nachgebaute **Tschartake** (280 m) ⑧; der Turm ist frei betretbar. Der uns dienende Flurweg führt zur hier südlich liegenden Lobenbachbrücke, 275 m. Von Osten her kehren wir zurück in den Nahbereich des **Schlosses in Burgau** (280 m) ①.

MITTLERE OST-STEIERMARK • VULKANLAND UND THERMENLAND

MITTLERE OST-STEIERMARK • VULKANLAND UND THERMENLAND

[28] Markt Hartmannsdorf und Ulrichsbrunn

Vom „Schwibbogenweg" Richtung Melben, nördlich des Marktes Hartmannsdorf

„Es ist, wie es ist", sagt die Liebe …

Der gleichermaßen feinsinnig wie kunstsinnig gestaltete Dorfplatz ist einem großen Schauspieler gewidmet: Peter Simonischek, geboren in Markt Hartmannsdorf. Simonischeks Stimme tönt, im Bereich des „Literaturbrunnens", auf Knopfdruck. Die derart generierten Worte berühren jedes Menschen Seele. – „Es ist, wie es ist", sagt die Liebe … und deren weises Vermächtnis schwingt mit, nicht nur während dieses Wanderausfluges.

 2½ Std. ca. 170 Hm ca. 8,5 km

Ausgangsort: Markt Hartmannsdorf, 329 m. Anfahrt: A 2 Südautobahn, Ausfahrt „Sinabelkirchen".

Ausgangspunkt: Parkplatz am „Literaturbrunnen".

Charakteristik: Gehwege, Naturboden, Nebenstraßen. Die gesamte Strecke ist grundsätzlich auch im Winter nutzbar.

Tipp 1: Am „Literaturbrunnen" lauschen.

Tipp 2: Spaziergang entlang des „Obstlehrpfades"; Zugang gegenüber dem „Gruberwirt".

Tipp 3: Nächst Hauptplatz der „Bauernladen"; freitags 14–18 Uhr, samstags 8–11 Uhr.

In **Markt Hartmannsdorf** (329 m) ① suchen wir den Vorplatz der Kirche auf. Dahinter leitet der „alte Kirchweg" (ein schmaler Spazierweg) westwärts. Wir überqueren zwei Straßen, danach ein Brückerl und erreichen nächst dem Wohnobjekt Nr. 201 einen Bildstock (mit Jahreszahl 2011). Wir folgen dem Schwibbogenweg bergan.

Ab dem **Verkehrsspiegel** (360 m) ② leitet uns der „Waldweg" in einen Forst. Anschließend, linker Hand, führt ein Flurweg weiter: am Waldrand zu Streuobstwiesen, danach zu einem gelben und einem weißen Haus. Am Waldrand leitet unsere Wanderstrecke zum **Fuik-Kreuz** (425 m) ③. Der leicht nordwestwärts weiterführende Fahrweg erschließt Waldgelände.

Ab den Straßentafeln „Buchreith" und „Pöllau" setzen wir im Uhrzeigersinn fort: Die Straße bzw. unsere Wanderstrecke verläuft um einen bewaldeten Hügel. Ab dem **Fritz-Kreuz** ④ (420 m) folgen wir – in baumfreier Lage – dem Eckweg. Alsbald leitet rechter Hand ein Flurweg zu einer **Geländekuppe** ⑤ (430 m). Die Birke, die Rastbank und ein weit reichender Ausblick wecken Lust zum Innehalten.

Abstieg und Rückweg: Südseitig leitet ein Wiesenweg talwärts. Ab dem Haus Nr. 113 folgen wir der Straße, neben Obstplantagen und Weingärten, zu einer **Kreuzung** (420 m) ⑥.

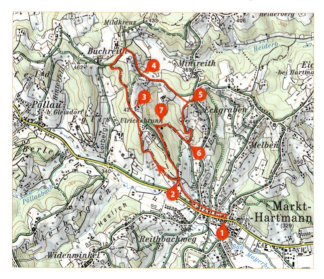

MITTLERE OST-STEIERMARK • VULKANLAND UND THERMENLAND

Teils leiten Flurwege um den Markt Hartmannsdorf

Daraus biegen wir rechts ab, grabeneinwärts, und suchen die **Ulrichsbrunn-Kapelle** (380 m) ⑦ auf. Der Sakralbau ist an Ort und Stelle beschrieben.
Ein wenig oberhalb verbindet ein ebener Waldweg zum Weg Nr. 1 und zum **Verkehrsspiegel** (360 m) ②. Am Schwibbogenweg gehen wir abwärts zur Bushaltestelle „Markt Hartmannsdorf Posch". Nach dem Geschäft „Spar-Markt" und dem Mammutbaum erreichen wir das Gasthaus Gruberwirt, zugleich die Ortsmitte von **Markt Hartmannsdorf** (329 m) ①.

Der Anziehungspunkt inmitten des Marktes Hartmannsdorf

[29] Therme Loipersdorf und Magland

An der Sonnseite der Therme Loipersdorf, 335 m

Am „Erlebensweg der Sinne" zugleich auf den Spuren der Vulkane

Rund einhundert Meter über dem Rittschein-Talboden, konkret auf einem Hügel im Steirischen Vulkanland, sprudelt die Loipersdorfer Thermalquelle. Hautnah an der steirisch-burgenländischen Grenze, gebettet in pannonisches Klima.
Thermenbesuche und Wandertouren lassen sich im Raum Loipersdorf kunterbunt kombinieren. Das Wegenetz breitet sich weitläufig: Der Ortsname „Wanderberg" erhellt die Gesamtsituation: In diesem Fall verläuft die Strecke bergab und bergan.

 3¼ Std. ca. 190 Hm  ca. 10,5 km

Talort: Loipersdorf bei Fürstenfeld, 249 m. Anfahrt: A 2 Südautobahn, Ausfahrten „Ilz-Fürstenfeld" oder „Gleisdorf Süd".

Ausgangspunkt: Brunnen nächst Eingang zur Therme Loipersdorf. Zufahrt: aus Richtung Fürstenfeld, Fehring oder Jennersdorf.

Charakteristik: Naturboden, Gehwege, Nebenstraßen. Die gesamte Strecke ist grundsätzlich auch im Winter nutzbar.

Einkehr: Jausenstation „Sieglhof", mit „Waldis Hofladen",
Tel. +43 664 5100646; www.sieglhof.at.

Tipp 1: Spazieren und Entspannen im „Steinpark"; Ausgangspunkt am Brunnen vor der Therme.

Tipp 2: „Maglanderhof", Hausprodukte; schöner Rastplatz; Familie Oswald,
Tel. +43 3155 8628.

Wir nutzen Gelände auf steirischem Boden: Schräg gegenüber der **Therme Loipersdorf** (335 m) ①, am Waldrand, informiert eine Kartentafel zum Wegenetz. Unsere Rundstrecke verläuft im Uhrzeigersinn, entsprechend reihen sich die Infopunkte: 7, 8, 9, 10, 5, 6. Der Tafeln und Namen gibt es viele. An der ersten **Weggabel** (355 m) ② erläutert ein Kurztext zu „Römischen Hügelgräbern". Wir gehen Richtung Magland, erreichen zunächst den „Baldur-Preiml-Platz", anschließend baumfreies Gelände.

Die nutzbare Liege (Infopunkt 7) animiert Gäste: „zu den Nachbarn schauen". Eine Hofzufahrt und ein Flurweg leiten abwärts zum Infopunkt 8, „Frieden …", an der **Haselbach**-Kapelle (290 m) ③; erbaut anno 1866, geweiht der „heiligen Mutter Anna". Der anschließende Flurweg verbindet zu einer Hofzufahrt; diese mündet, auf Höhe des **Gästehauses Villa Thermale** (265 m) ④, in die Landesstraße. Wir folgen dem Gehweg zur Bushaltestelle. Gegenüber fließt der Lehenbach. Wir gehen zum Brückerl, jedoch davor bachaufwärts zum Infopunkt 9, „Wasser ist Leben". Nach dem Rastplatz (mit Trinkbrunnen) überqueren wir den Steg. Am orographisch rechten Ufer leitet der Pfad Richtung **Magland** (270 m) ⑤. Am Rastplatz bzw. Infopunkt 10, „Von Sitten und Bräuchen", steht auch die Tafel „Unterlammer Feste im Jahrlauf".

Nächst der Therme Loipersdorf wurde ein Steinpark angelegt; dieser ist frei begehbar

Anstieg und Rückweg: Durch Magland gehen wir zur Landesstraße. Am nördlichen Ortsrand knapp vor der Kilometer-Marke 7,4 rechts abzweigen. Gegenüber dem dritten (letzten) Haus leitet ein Flurweg bergan, entlang einer Busch- und Baumreihe, und mündet in eine Straße. An ihr erreichen wir den **Maglanderhof** (345 m) ⑥; die hauseigenen Produkte und der Garten wirken gleichermaßen herzhaft.

Wir gehen zur Höhenstraße, links(!) an ihr bzw. auf dem „R12 Thermen-Radweg" bergan zur Kurve, daraus rechts zum Infopunkt 4, „Den Wald erleben". Ansehnlich gestaltete Vogelhäuschen flankieren den Waldweg Richtung **Geisterkapelle** ⑦ (351 m). Aus dem nächsten Waldstück erreicht man die **Jausenstation Sieglhof** (357 m) ⑧, zugleich den Infopunkt 8, „Direktvermarktung". Gegen Hunger und Durst ist vorgesorgt.

Die Rundstrecke schließt sich allmählich folgend: Der Gehstreifen, rechts der Fahrbahn, verbindet zum fortsetzenden Waldweg. Dieser leitet zur eingangs erwähnten **Weggabel** (355 m) ② an der Info-Tafel „Hügelgräber", danach entlang der Zugangsstrecke zur **Therme Loipersdorf** (335 m) ①.

MITTLERE OST-STEIERMARK · VULKANLAND UND THERMENLAND

[30] Von St. Margarethen über den Kleeberg, 499 m

Im Auslug hoch über dem Kleeberg. Blickrichtung Schöckl und Weizer Bergland.

Auf hoher Warte in breites Land schauen

Die ehemalige Gemeinde Labuch ließ auf dem Kleeberg eine futuristisch geformte Aussichtswarte errichten: Der knapp 32 Meter hohe Turm wurde vom Bildhauer Gottfried Höfler und dem Architekten DI Johann Wahlhütter entworfen und geplant; die Statik berechneten DI Robert Breineder und DI Peter Steiner. Die Stahlbeton-Konstruktion entstand im Zeitraum September 2001 bis März 2002. Die Firma Pachler führte die Stahlarbeiten aus. Die Aussichtswarte ist ganzjährig frei zugänglich.
Lange Zeit war die Aussichtswarte eifrig besucht worden. Abrupt trat ein Unterbruch ein: Infolge eines Rechtsstreits – Anrainer fühlten sich lärmbelästigt – durften die Turmtreppen nicht mehr benutzt werden.
Ende gut, alles gut: Nach adäquat erheblichem Verfahrensaufwand bleibt das Projekt auf Dauer benutzerwirksam. Fein! Wer an der Kleeberg-Warte die 140 Stufen erklimmt, vermag auf der Plattform weit ins Land schauen: Rundum breitet sich „Natur- und Kulturland", typisch für die Ost-Steiermark.

Raabtal **Tour 30**

⏱ 3½ Std. 📏 ↑ 330 Hm, ↓ 275 Hm 🔄 ca. 13,5 km   ✖

Talorte: Gleisdorf, 362 m. St. Margarethen an der Raab, 360 m. Anfahrt: A 2 Südautobahn. Park and Ride: Bahnhof Gleisdorf.
Ausgangspunkt: Bahnhof Takern-St. Margarethen. Zufahrt: mit dem Zug.
Endpunkt: Bahnhof Gleisdorf.
Charakteristik: Gehwege, Nebenstraßen, Naturboden. Die gesamte Strecke ist grundsätzlich auch im Winter nutzbar.
Einkehr: In St. Margarethen „Dorfwirt Rauch-Schalk", Tel. +43 3115 2301; www.rauch-dorfwirt.at. „Café-Bäckerei Hofer" (R: Samstagnachmittag).
Tipp: Am Kleeberg, abwärts, zur „Buschenschank Knotz", Tel. +43 3112 4441.

In Takern ab dem **Bahnhof** (325 m) ① – genannt „Takern-St. Margarethen" – zur Raabbrücke, ein Rad- und Fußweg verbindet mit dem Markt **St. Margarethen an der Raab** (360 m) ②. Wegen des informativen Überblicks lohnt ein Abstecher zur Kirche. Aus der Ortsmitte erreicht man die Bäckerei Hofer.

Über-Blick von der „Kleeberg-Warte". Bodennahe Rechtsstreitigkeiten machten diesen Turm zusätzlich populär.

Anschließend leitet ein Fußweg in die **Siedlung Neudörfl** (340 m) ③. Die Wanderstrecke verläuft zunächst am „Vorfertnweg" (Anm.: „vorfertn" ist ein Mundart-Zeitbegriff zu vorvorjährig; „Vorfertn" nennt sich auch der örtliche Heimatverein, www.vorfertn.at). Durch Siedlungsraum bergan zur Bushaltestelle „Großglawoggen Tauschmann", 375 m, und gegenüber, bergseitig, an den Rand eines Waldspitzes, 380 m. Von diesem zur Kuppe im Areal der **Hirschwälder** (430 m) ④. Daraus zur Kleebergstraße. An ihr erreicht man den Kleeberg und die auf dem höchsten Punkt stehende **Aussichtswarte** (499 m) ⑤. Von deren Plattform überblickt man u.a. den zweiten Wegabschnitt.

Abstieg und Rückweg: Am Kleeberg-Höhenrücken, rechtshaltend, die Straße entlang. An der Tafel „zu den Häusern Urscha 9, 13 …" zweigt man links bzw. nordwärts ab. Durch Waldgelände zum Labuchbach im **Rückhaltebecken** (365 m) ⑥. Am

MITTLERE OST-STEIERMARK · VULKANLAND UND THERMENLAND

Wegrand fällt ein kleines Kunstwerk auf: Die Statuette ist dem heiligen Nepomuk (Pomuk 1350–1393 Prag) gewidmet. Dessen Märtyrertod gründet im Wort „tacui", „ich habe geschwiegen". Erneut bergan: In einem Links-rechts-Bogen erreicht man die **Hinterberg-Kapelle** (460 m) ⑦. Rechts davon, entlang der Straße, abwärts. Ein Steig kürzt ab. An der **Raab** (350 m) ⑧ rechts zur Häusergruppe. Daraus leitet der „Mühlweg" zum **Bahnhof Gleisdorf** (350 m) ⑨.

[31] Der „Vitalweg" in Kirchberg an der Raab

Der „Vitalweg" erschließt auch den Wörthgraben, zirka 330 m

Die „Ortsrunde" und die „Bergrunde" formen eine „Achterstrecke"

An dieser Strecke bestätigt sich die klassische Wahrnehmung, derzufolge wenige Höhenmeter ausreichen für weit reichende Ausblicke. Hinzu kommt die ebenfalls empirisch fundierte Wahrnehmung: Jede dynamische Bewegung reflektiert Vitalität. Woher also rührt der Begriff „Vitalweg"? Hervorzuheben ist das vitale Engagement, inmitten Kulturlandes eine Wanderstrecke herzustellen. Danke! Ein vitaler Volltreffer.
Der Begriff „Kirchbergvitalweg" leitet entlang der gesamten Strecke. Dennoch. Die Augen ortsunkundiger Gäste suchen hier, dann dort – jeweils vital interessiert – nach einem zusätzlichen Hinweis. Jedenfalls verbleibt der „Vitalweg" in guter Erinnerung, zusätzlich eingebunden in den Vorsatz vieler Gäste: „Hierher kommen wir gern wieder."

Auf dem Scheitel des „Vitalweges", zirka 400 m. Blickrichtung Raabtal

MITTLERE OST-STEIERMARK • VULKANLAND UND THERMENLAND

⏱ 3¼ Std. ⛰ ca. 390 Hm 📏 ca. 11,5 km

Ausgangsort: Kirchberg an der Raab, 370 m. Anfahrt: A 2 Südautobahn, Ausfahrt „Gleisdorf Süd".

Ausgangspunkt: Kirchplatz, 370 m. ÖV-affiner Zugang: ab dem Bahnhof Studenzen-Fladnitz, Gehzeit 30 Min.

Charakteristik: Nebenstraßen, Gehwege, Naturboden. Die gesamte Strecke ist grundsätzlich auch im Winter nutzbar.

Einkehr: Jeweils in Wörth; Gasthaus Schlögl bzw. „Bergwirt" (R: Di, Mi), Tel. +43 3115 2812; www.vulkanland.at. Heurigenschenke „Hiebaum-Plescher" (R: Mo, Di), Tel. +43 3115 2505; www.kirchberg-raab.at.

Tipp 1: „Ortsrunde", verkürzte Vitalwegstrecke; Abzweigepunkt am „Eicherlkreuz"; Gehzeit 2 Std.

Tipp 2: „Spaziergang in Kirchberg"; individuelle Strecke, beispielsweise samt Schloss (kein offizieller Zutritt), Teichen und Gaststätten.

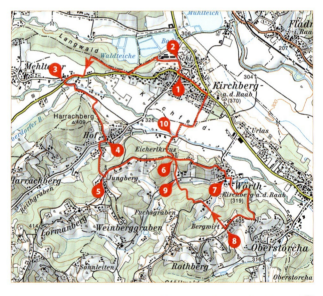

Aus der Ortsmitte von **Kirchberg an der Raab** (370 m) ① schlendern wir entlang des Gehsteiges – abwärts, vorbei am Schlosstor – zur Straßentafel „Florian Gölles Allee": Diese öffentliche Schreibweise ist (leider) nicht dudenkonform. Am Anfang derselben Allee nehmen wir eine wettergeschützte **Pietà** (320 m) ② wahr, sodann das Schulzentrum und – oho! – einen

Kirchberg an der Raab, 370 m. Am rechten Rand des Kirchfeldes leitet der „Vitalweg" in den Ort.

„Zeitgraph"; dieser gliedert die achterförmige Vitalweg-Strecke in eine „Ortsrunde" und eine „Bergrunde". Nahe der Waldteiche verläuft die „Ortsrunde" bergan, mündet in den „Langwaldweg" und verbindet außerhalb des **Dorfes Mehlteuer** (330 m) ③ zur Bushaltestelle „Tiefernitz Abzw".

Auch wir zweigen ab, folgen dem „Hof-Wörth-Weg", erreichen daraus auf Naturboden den bergseitigen Waldrand, zugleich das hier installierte Klangspiel und eine Rastbank. Daran schließen ein Waldstück und ein abwärts führender Fahrweg. Auf die **Siedlung Hof** (330 m) ④ folgt der Bildstock Maria am Fenster, 365 m; daran steht die Einladung „Betreten erwünscht".

Wenig oberhalb nehmen wir wahr: Zur Osterzeit färben zusätzlich Fliederbüsche die grünende, von ziegelroten Dächern belebte Kulturlandschaft. Waldflecken und Holzstöße, Kapellen und Bildstöcke reichern den Gesamteindruck der Vitalweg-Wandergäste an. Derart anmutig wirkt auch der Abschnitt zwischen der **„Gölles-Kapelle" in Jungberg** (390 m) ⑤ und der in breitem Wald stehenden Kapelle, genannt **Eicherlkreuz** (360 m) ⑥.

Wir setzen auf der „Bergrunde" fort, gehen geradewegs, allmählich abwärts nach **Wörth** (319 m) ⑦, korrekt genannt „Wörth bei Kirchberg an der Raab". Ab der Dorfkapelle steigt der Weg erneut an und kulminiert in bildschöner Höhenlage. Dazu passen gut die Rastbank am Weg, erst recht ein Aufenthalt unter freiem Himmel an der **Gaststätte Bergwirt Schlögl** (396 m) ⑧.

Abstieg und Rückweg: Die Strecke verläuft mehrere (!) Male ab und auf. Hinter der Gaststätte abwärts zu einem Bächlein im Grabengrund, 335 m. Entlang einer Flurstraße bergan; während der Rapsblüte eine bildschöne Ecke.

Bergseitig überqueren wir die Waldwegkuppe, 390 m, gehen abwärts zum Wörther Bach, 330 m. Nur einen Augen-Blick höher steht die **Heurigenschenke** (335 m) ⑨ der Familie Hiebaum-Plescher. Die Kinderspielgeräte strahlen familienfreundliche Stimmung aus.

Die anschließende, konkret vorletzte Gegensteigung leitet zu dem uns bekannten **Eicherlkreuz** (360 m) ⑥. Nun setzen wir fort auf der „Ortsrunde": Diese verläuft abwärts zur Brücke am **Tiefernitzbach** (320 m) ⑩ und quert das talbreite „Kirchfeld", pures Ackerland. Darüber breitet sich sonnseitiger Siedlungsbereich. Dorthin führt unsere Strecke (ein letztes Mal) bergan.

Der Schriftzug „Raiffeisen ..." dient uns als Orientierungshilfe im abschließenden Wegstück zur Ortsmitte von **Kirchberg an der Raab** (370 m) ①. Der „Bauernmarkt" findet jeden Freitag statt.

Wegpunkt „Maria am Fenster", am Kirchberg-Vitalweg, Gehrichtung Eicherlkreuz

[32] Saazkogel, 346 m, und „Paldauer Höhepunkte"

Der Saazer Teich, 295 m, und die Kirche St. Laurentius, 346 m

Im mittleren Raabtal auf einem Höhenweg zu Kirchen, Teichen, Aussichtspunkten

Wer suchet, der findet: Wo Hinweise fehlen, generiert Wegsuchen ein Lot spannender Momente, zugleich kreatives Mitwirken. Beim zweiten oder dritten Ausflug wird die Sachlage entspannt wahrgenommen, eventuell werden individuelle Vernetzungen miteinbezogen. Jedenfalls erhöht sich der Informationsgehalt. Der Ausflugs-Wendepunkt liegt am Gasthof „Zum Kirchenwirt", womit sich zumindest zwei Vorteile verbinden: Lukullischer Art; nicht nur Hobbyköche werden sich an den „Sprossen" delektieren, welche der Kirchenwirt persönlich offeriert. Logistischer Art; vor dem Gasthof ist eine Bushaltestelle eingerichtet.

 5 Std. ca. 265 Hm ca. 15 km

Ausgangsort: Gniebing, 290 m. Anfahrt: von der A 2 Südautobahn, Ausfahrt „Gleisdorf Süd". Oder mit dem Zug.

Ausgangspunkt: S-Bahn-Station (mit Park-and-Ride-Platz) oder erst am „Mühlenladen" (mit Kunden-Parkplatz).

Charakteristik: Gehwege, Naturboden, Hofzufahrten, Nebenstraßen. Die gesamte Strecke ist grundsätzlich auch im Winter nutzbar.

Einkehr: Gasthof „Zum Kirchenwirt" in Paldau (R: Mi); Familie Tieber, Tel. +43 3150 2055; www.kirchenwirt-paldau.at.

Tipp 1: Verkürzte Strecke; von Paldau mit dem RegioBus nach Feldbach (Zusatztipp: Stadt-Spaziergang). Rückfahrt mit dem Zug.

Tipp 2: Lugitschmühle mit „Mühlenladen", geöffnet Mo–Fr 8–17 Uhr.

MITTLERE OST-STEIERMARK • VULKANLAND UND THERMENLAND

Ab der **Eisenbahnkreuzung in Gniebing** (290 m) ① schlendern wir zur Kapelle, 288 m, und zur Raab-Brücke. Die turmhohe **Ölmühle Lugitsch** (288 m) ② wirkt wie eine Landmarke. Solar-Objekte und die Fischaufstiegs-Schnecke reflektieren jüngsten Stand vorbildhaften Umweltbewusstseins. Der uns hierorts dienende „3-Vulkane-Weg" leitet hinter dem Mühlenladen zum Strommast Nr. 122 und davon westwärts. Inmitten des Talbodens, genannt „Moosbuschen", prangt ein großes Gehöft.
Bitte, die Landesstraße vorsichtig(!) überqueren. Ein Fahrweg verbindet zur **Kirche St. Laurentius auf dem Saazkogel** ③ (346 m). Eine Inschrift erinnert an den Bau im Jahre 1879. Eine Plattform kragt talseitig, aus einem Wiesenhang, weit hinaus. Wir folgen dem Hinweis „Paldauer Höhepunkte": Sonnseitig leitet der Pfad hinunter zur überdeckten Stätte „Die römische Siedlung am Saazkogel".
Von den benachbarten Wohnobjekten gehen wir abwärts zur Straße und queren nächst der Bushaltestelle „Saaz Frisch", 295 m, den Talboden. Am Waldrand weist erneut ein Schild ein. Rechter Hand liegen die **Saazer Teiche** (295 m) ④. Wir gehen entlang des Waldrandes Richtung **Paldau** (309 m) ⑤. Der Ort wurde anno 1318, als „Paldowe", erstmals genannt. Seit Ende der

1960er-Jahre hat die Musikgruppe „Die Paldauer" ihren Heimatort international bekannt gemacht.

Rückweg: Uns dienen gelbe Täfelchen mit dem Hinweis „Paldauer Höhepunkte". Wir gehen Richtung Friedhof und schwenken am Waldrand rechts ein.

Am **Löblerberg** (375 m) ⑥ wurde ein „Lebensmotivkreis" angelegt und ein Rastplatz eingerichtet.

Nun bergab, durch ein Waldstück, zu einem **Teich** (330 m) ⑦. Erneut bergan, auf einem Waldweg, zum Höhenrücken am **Grieberg** (380 m) ⑧. Die Tafel „Saazerteich" informiert zur gleichnamigen, 30 Hektar großen Fischzuchtanlage. Die erhöht verlaufende Wanderstrecke führt zur **Kirche auf dem Saazkogel** (346 m) ③. Auf der vom Zugang her bekannten Strecke gehen wir zurück zur **Ölmühle Lugitsch** (288 m) ② und über die Raab-Brücke zum Park-and-Ride-Platz an der **S-Bahn-Station Gniebing** (290 m) ①.

Ausblick vom Infopunkt „Saazer Teich", zirka 375 m

[33] Auf dem „Fünf-Elemente-Weg" um Wörth

Nahe von diesem Rastplatz zweigt der Wanderweg ab in Richtung „Himmelstreppe" und Kögerlegg, 402 m

Feuer, Erde, Metall, Wasser, Holz … und Luft, gute Luft

Inmitten des Dorfes, konkret gegenüber der Bushaltestelle „Wörth bei Gnas Ort", weisen Wegtafeln in Richtung „Anna-Suppan-Gedenkweg", „Erdschichten-Wand" und „Häferl-Museum". Jedoch bilden die nach fünf Elementen benannten Wanderwege den Hauptinhalt in diesem kleinregionalen, thematisch organisierten Wegenetz; dasselbe gehört zum interregionalen Leitsystem „Wandern auf den Spuren der Vulkane".

Die Wanderwege sind teils unterschiedlich beschildert. Die von Hand bearbeiteten, aus Holz gefertigten Wegtafeln und die aus Metall hergestellten gelben Pfeiltafeln bzw. sonstigen Hinweise reflektieren zwei der fünf involvierten Elemente.

Dennoch. Hand aufs Herz: Allerwichtigst ist Ausflugsgästen das sechste Element, die Luft: konkret die Landluft, Waldluft, Luft der Jahreszeiten, angereichert vom Duft der Erdschollen, der Blüten, Blumen, Gräser, ebenso der Gehölze, zusätzlich – hier oder dort – vom Duft eines Herdfeuers und dessen Holzrauches.

Das Wegenetz ist feinmaschig strukturiert und ermöglicht, zusätzlich, individuell formbare Wanderstrecken. In diesem Wandertipp bezogen auf die Elemente Wasser, Erde und Metall.

Raabtal   **Tour 33**

 3¼ Std.   ca. 220 Hm   ca. 9 km

Ausgangsort: Wörth bei Gnas, 313 m. Anfahrt: über St. Stefan im Rosental. Oder aus dem Raabtal und über Paldau.

Ausgangspunkt: „Mondscheinstüberl", geöffnet Mi–So + Fei ab 14 Uhr, Tel. +43 664 4525226.

Charakteristik: Naturboden, Nebenstraßen. Die gesamte Strecke ist grundsätzlich auch im Winter nutzbar.

Einkehr: Buschenschank „Zur Ingrid", geöffnet Fr–So; Familie Hirschmann, Tel. +43 664 1040911. Gasthaus „Gratzlwirt" (R: Di); Tropper, Tel. +43 3116 8254.

Tipp: Ab dem Kögerlegg auf Naturboden westwärts bergab zum Gehöft Suppan, 380 m. Entlang von Nebenstraßen zum Höhenrücken, an ihm Richtung Buschenschank „Zur Ingrid" bzw. Richtung „Gratzlwirt".

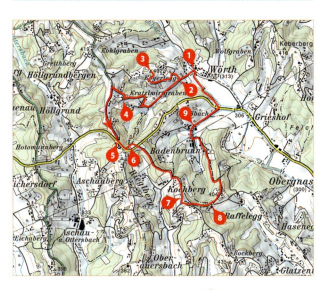

Aus dem **Dorf Wörth bei Gnas** (313 m) ① leitet der Weg Nr. 1 zum Gehöft Gsellmann; **Weggabel** (315 m) ②. Gern folgen wir dem Hinweis zum **Kögerlegg** (402 m) ③. Auf dessen Kuppe symbolisieren zwei „Traum-Liegen" das Element Holz. Jedoch verbindet der Weg Nr. 1 ab der erwähnten **Weggabel** (315 m) ② in den Kratzlwirtgraben und daraus bergan zur **Buschenschank Zur Ingrid** (400 m) ④. Oberhalb breitet sich ein baumfreier Höhenrücken; die darauf verlaufende Straße führt zum **Gratzl-**

wirt (410 m) ⑤. Unweit davon, am Waldrand, steht die Anna Suppan gewidmete **Gedenkstätte** (420 m) ⑥.
Die Wegnummer 786b leitet zum Gehöft Niederl, 380 m, anschließend zum Rastplatz und Aussichtspunkt auf dem **Kochberg** (430 m) ⑦; mit Orientierungsplatte. Das hier oben situierte „Sandsteinplatzl" symbolisiert das Element Erde.
Abstieg: Südostseitig zum nahen „Ferienhaus Schönmaier"; davor steht ein Getränkeschrank. Dessen Aufschrift, „Für durstige Wanderer zur Selbstentnahme", lädt ein zum Pausieren. Danach nützt uns der Hinweis „Obergnas"; in diese Richtung erreichen wir das **Haus Steiermark** (390 m) ⑧. Dessen Kapelle wirkt seriös, bloß deren fehlerhafte Aufschrift weckt Schmunzeln.
Die Wegnummer 2 leitet durch Waldgelände zur Siedlung „Badenbrunn". Der Teich und, insbesondere, das wie eine Acht geformte Becken der **Kneippanlage** (315 m) ⑨ symbolisieren das Element Wasser.
Rückweg: Entlang der Straße nähern wir uns dem Wörthbach und gehen, bachaufwärts, zurück in das **Dorf Wörth bei Gnas** (313 m) ①.

Am Kneippbecken in Badenbrunn, zirka 315 m

[34] Edelsbacher Wanderwege

Tulpen schmücken das Dorf Edelsbach bei Feldbach, und Tulpen-Symbole zieren Tafeln der „Edelsbacher Wanderwege"

Brückenschlag im Tulpendorf: Kreuzweg und Höhenwege zur Weltmaschine

Das edle Dorf am namengebenden Bach offeriert ideelle und materielle Kontraste: Stahlhart dominieren ganzjährig ausgestellte historische Brücken; zur Tulpenblüte zeigt sich der gesamte Ort farbenreich geschmückt; die Kreuzweg-Stationen generieren Innehalten; im Horizont breiten sich entdeckungswürdige Sphären; die von Franz Gsellmann konstruierte „Weltmaschine" erschließt ein Universum en miniature – alles dreht sich, alles bewegt sich. Dieser Ausflug enthält technische und natürliche sowie sakrale und profane Momentaufnahmen individuellen Zuschnittes. Für Kopf und Bauch. Gegen Hunger und Durst ist nach steirischem Brauch vorgesorgt.

Nächst der Festhalle liegt der Ausgangspunkt zu den „Edelsbacher Wanderwegen"

MITTLERE OST-STEIERMARK • VULKANLAND UND THERMENLAND

 4 Std. ca. 300 Hm ca. 13,5 km

Ausgangsort: Edelsbach bei Feldbach (Kirche, 328 m). Anfahrt: von der A 2 Südautobahn, Ausfahrt „Gleisdorf Süd"; Richtung Feldbach.

Ausgangspunkt: Gemeindeamt, 305 m. Zufahrt: von Paurach.

Charakteristik: Naturboden und Nebenstraßen. Die gesamte Strecke ist grundsätzlich auch im Winter nutzbar.

Einkehr: „Buschenschank Mayer" (vulgo Moarpertl), geöffnet Fr + Mo ab 16 Uhr, an Sa ab 14 Uhr, Tel. +43 3152 4157. „Weinhof und Buschenschank Krenn", Tel. +43 3114 2460. „Backhendlstation Theissl" (R: Di), Tel. +43 3115 2190.

Tipp 1: „Brückenmuseum" (R: Di), www.edelsbach.at.

Tipp 2: „Gsellmanns Weltmaschine" (R: Di), www.weltmaschine.at.

Tipp 3: „Bienengarten" samt Honigladen (R: Mo, Di); Mitte April bis Mitte Oktober. Zugang bzw. Zufahrt: von Edelsbach, 2 km; www.bienengarten.at.

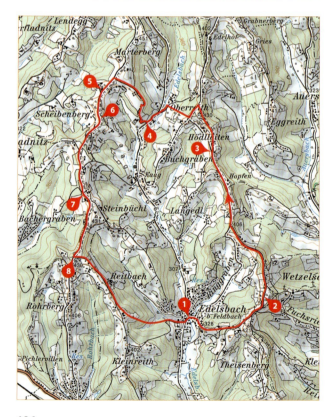

An der Höhenstraße in Kaag, zirka 420 m

In **Edelsbach bei Feldbach** (305 m) ① leiten ab der Pfarrkirche 13 Kreuzweg-Stationen auf eine Geländekuppe, 425 m. (Die 14. Station liegt südseitig, tiefer und ist identisch mit der Dornhofer-Kapelle). Heroben auf dem Höhenrücken orientieren wir uns am „Edelsbacher Wanderweg". Auf ihm erreichen wir zunächst die **Buschenschank Mayer** (420 m) ②, danach die Imkerei Schögler (Honigverkauf), anschließend eine Kreuzung, 410 m; Wegweiser. Am „Atelier Suppan" ist ein **Rastplatz** (420 m) ③ eingerichtet. Von hier aus nehmen wir die „Buschenschank Krenn" wahr.

Davon oberhalb, im Bereich von Oberreith, verläuft der Wanderweg am Waldrand, 430 m, und von diesem abwärts zu einer Hofzufahrt. Entlang hölzerner Strommasten steigen wir einen Wiesenhang ab zu einem Gehöft im Edelsbachgraben, 340 m. Wir gehen entlang der Hofzufahrt hinaus zur Brücke, von dieser zum **Transformator** (340 m) ④, bezeichnet mit „Kaag/Oberreith". Eine rote Tulpe weist bergan: Bald nach Anstiegbeginn verläuft der „Edelsbacher Wanderweg" durch ein Waldstück.

Wir erreichen das ziegelrote Gehöft Schenk, 400 m. Nahe daran, konkret an der Höhenstraße am Auersberg, liegt ein Ballen-Stapelplatz; davon linker Hand bzw. südwärts erreichen wir die **Friedl-Kapelle** (405 m) ⑤, zugleich einen Rastplatz. Wir durchwandern den Gemeindeteil „Kaag".

Darin dominiert ein Unikat: **Gsellmanns Weltmaschine** ⑥ (400 m). Das dazugehörende Wohnobjekt steht ein wenig unterhalb der Höhenstraße. Diese verläuft über eine Kuppe, 440 m,

Das in Edelsbach bei Feldbach angesiedelte „Brückenmuseum" stellt landesweit ein Unikat dar

und leitet zum **Gasthaus Theissl** (420 m) ⑦ – weithin bekannt als „Backhendlstation": Auf dieses ursteirische Gütesiegel (kolportiert von Mund zu Mund) ist Verlass.

Wer sich derart gestärkt hat, vermag der abschließenden Wanderstrecke gelassen entgegensehen: Der Höhenstraße folgt man nur noch bis zur **Weggabel** (430 m) ⑧; hier leitet die uns vertraute rote Tulpe in ein Waldgelände. (Hingegen führt die Straße zur Bahnhaltestelle in Rohr an der Raab.)

Einigermaßen überraschend wirkt der Umstand, dass der Wanderweg kurz vor dessen Ende eine Gegensteigung enthält. Aber schon kurz danach, nahe am „Brückenmuseum" in **Edelsbach bei Feldbach** (305 m) ①, schließt die Wanderstrecke.

Alternative Anfahrt über den Gniebingberg Richtung Edelsbach

[35] Wanderwege zu Planeten, Himmel und auf Erden

Im Schlosshof Kornberg, zirka 350 m

Vom Schloss Kornberg zur Sternwarte am Rosenberg – danach bergab, bergan und halbwegs eben zurück

Auf dieser Wanderstrecke währt die Unterwegszeit wesentlich länger als die Gehzeit: Entlang des „Auersbacher Planeten-Wanderweges" informieren populär-wissenschaftlich aufbereitete Grafiken und Texte zu unserem Sonnensystem, konkret über charakteristische Einzelheiten der Planeten, wie beispielsweise deren Größe, Maße, Gewicht, Temperaturen, Anzahl der Monde sowie über die Entfernung des jeweiligen Planeten zur Sonne.
Wie ein Fixstern wirkt das Schloss Kornberg. Dessen Substanz, Interieur und Flair sind jederzeit einen Besuch wert. Zusätzlich in Verbindung mit dem „Auersbacher Planeten-Wanderweg" und mit dem „Himmel-Erden-Weg".
Einige der Tafeln könnten nachgebessert werden.
Beide Strecken gemeinsam formen einen Rundkurs: bergab, bergan, bergab, bergan und halbwegs eben zurück.

MITTLERE OST-STEIERMARK · VULKANLAND UND THERMENLAND

 3¼ Std. ca. 290 Hm ca. 10,5 km

Ausgangsort: Schloss Kornberg, 350 m; Restaurant „Schlosswirt Kornberg", Tel. +43 3152 2057; www.schlosswirt.com. Anfahrt: aus dem Raabtal nächst Feldbach.

Ausgangspunkt: Parkplatz vor dem Schloss.

Charakteristik: Gehwege, Naturboden, Nebenstraßen. Die gesamte Strecke ist grundsätzlich auch im Winter nutzbar.

Einkehr: Heurigenschenke „Zum Sterngucker" (R: Di, Mi), Tel. +43 3114 2176; www.zumsterngucker.at. „Dursthäuserl" am Gehöft Nestelberger („Most und mehr"); www.nestelberger.net.

Tipp 1: Ausstellungszentrum und Schlossmuseum auf Kornberg, Tel. +43 664 5124224; www.schlosskornberg.at.

Tipp 2: Sternwarte in Auersbach; zu Führungen anmelden; www.vulkanlandsternwarte.at.

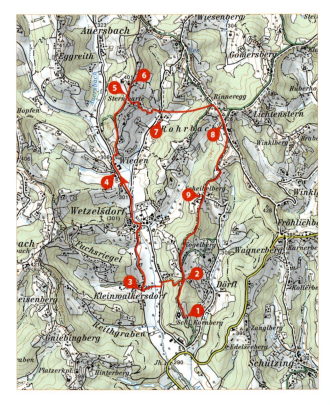

Am Rosenberg, 390 m. Der Infopunkt „Sonne" und die Vulkanland-Sternwarte schließen den „Auersbacher Planeten-Wanderweg".

Ab dem **Schloss Kornberg** (350 m) ① verbindet entlang des Höhenrückens ein Fahrweg bzw. die in der steirischen Tourismusregion „Vulkanland" scheinbar omnipräsente Wegnummer 786b – diesfalls der „Kopfspur" dienend – nordwärts. Bereits kurz nach dem Planetenweg-Infopunkt „Neptun" ist die erste **Weggabel** (365 m) ② erreicht. An ihr zweigt der uns nützliche, Richtung Sternwarte führende „Himmel-Erden-Weg" ab: Märchenfiguren säumen den Waldpfad abwärts zum Talbodenrand.

Am Rastplatz, 300 m, wacht eine Schutzmantel-Madonna. Auf einem Steg überqueren wir den Auersbach und erreichen die **Siedlung Kleinwalkersdorf** (297 m) ③. Ein Stein erinnert an „20 Jahre Dorffest" (1989–2009).

Vom Bildstock verläuft die Straße talein. An ihr steht der Planetenweg-Infopunkt „Uranus". Das Gasthaus „Brückenwirt" ist geschlossen. Nahe daran steht eine Infotafel; aus deren Karte ist der Verlauf der Kopfspur ersichtbar. Auf gleicher Höhe ist die Bushaltestelle „Wetzelsdorf bei Riegersburg" eingerichtet. Auf die grelle Info-Pyramide „Ernährung" folgt das **Impulszentrum Auersbach** (305 m) ④.

Zwei Minuten später lesen wir zum „Saturn" nach. Vor uns liegt Hügelland. Ab dem kreativ gestalteten Sonne-Mond-und-Sterne-Wegweiser gehen wir bergan, halten zwischendurch an den Infopunkten „Jupiter" und „Mars" und schließen den ersten Teil des Spazierganges im Nahbereich der **Vulkanland-Stern-**

Der Hinweis in Auersbach, am Anfang des „Rosenbergweges", zur Vulkanland-Sternwarte

warte (390 m) ⑤, verbringen bevorzugt längere Zeit in der Heurigenschenke „Zum Sterngucker". Die Erfahrung lehrt uns: Rasten macht stark.

Heroben am Rosenberg wecken die Infopunkte „Erde" und „Venus" sowie „Sonne" und „Weltzeit-Sonnenuhr" gleichermaßen Interesse und Wissensdurst.

Die Wandertour gipfelt – vorerst – an der **Alm-Kapelle** (401 m) ⑥ am Rosenberg. Von diesem Wendepunkt gehen wir zurück zur **Vulkanland-Sternwarte** (390 m) ⑤ und zum „Sterngucker". Hier schauen wir durch eine Kunstwerk-Miniatur, genannt „Himmelstor".

Dasselbe öffnet uns der weiterführende „Himmel-Erden-Weg", Richtung Rohrbachgraben. Ab der **Rohrbach-Kapelle** (317 m) ⑦, jüngst renoviert anno 2016, gehen wir erneut bergan. Es mangelt nicht an Wegweisern, jedoch an Ordnungssinn am Rinnereggweg. Hier oben, in einer Seehöhe von 425 Metern, scheint alle Umgebung überschaubar: Eine Plattform – genannt „Ins Land einischau'n" – ermöglicht Ausblicke zu der auf einem Vulkanstumpf situierten Riegersburg.

Hingegen zum Greifen nahe entpuppt sich das frei zugängliche **Durstäuserl** (410 m) ⑧; die darin deponierten „Löschmittel" werden hergestellt von der Familie Nestelberger.

Nach diesem Zwischenaufenthalt dauert die Wanderung nur noch eine Stunde. Die Strecke verläuft oberhalb der Ortstafel „Dörfl" zum nahen **Rastplatz am Scheibelberg** (380 m) ⑨. Auf das Waldstück folgt ein Weinbaugebiet. Die mehr und mehr Tafeln und Täfelchen suggerieren noch und noch weniger Spürsinn fürs Schöne. Jedoch bahnt sich, unaufhaltsam, das abschließende Wegstück an: Von der **Weggabel** (365 m) ② und dem Planetenweg-Infopunkt „Neptun" ist's nur noch ein Katzensprung zum **Schloss Kornberg** (350 m) ①.

[36] Hatzendorfer „Weinweg" und Grillberg, 354 m

Vom Weingut Kapper und dem Bereich „Lustgarten" zum Grillberg, 354 m

Harmonie des Kontrastes: von einem Römerstein zu einem lokalen Weltenpark

„Kunst in der Natur" prägt die Umgebung von Hatzendorf. Die treibende Kraft entstammt Peter Troißinger und dessen Freundeskreis. Bevorzugt in Zusammenhang mit „eat & art". Feinsinniges Verkosten, sachkundig begleitet, inbegriffen. Dem „Hatzendorfer Weinweg" haften Besonderheiten an. Nicht alle zählen wir auf. Stattdessen ermuntern wir Sie, ein anderes Mal diesem Weg in der Gegenrichtung zu folgen. Jedenfalls erwächst nachhaltige Erinnerung zur Auf-und-ab-Strecke zwischen dem Römerstein nahe Brunn und dem lokalen „Weltenpark" am Bahnhof Hatzendorf.

Weinried über dem Rittergraben bzw. nahe der Buschenschank „Gölles" am Kirchenegg, 360 m

MITTLERE OST-STEIERMARK • VULKANLAND UND THERMENLAND

⏱ 2¾ Std. ↑ 220 Hm, ↓ 210 Hm ca. 7,5 km

Ausgangsort: Brunn bei Fehring, 265 m. Anfahrt: von der A 2 Südautobahn, Ausfahrt „Gleisdorf Süd", Richtung Feldbach. Oder mit dem Zug nach Fehring.

Ausgangspunkt: Park-and-Ride-Platz am Bahnhof Fehring, 261 m.

Endpunkt: Bahnhof Hatzendorf, 269 m. Rückfahrt mit dem Zug oder RegioBus.

Charakteristik: Gehwege, Naturboden, Nebenstraßen. Die gesamte Strecke ist grundsätzlich auch im Winter nutzbar.

Einkehr: „Buschenschank Gölles"; geöffnet Do–So (selektiv) ab 16 Uhr, Tel. +43 664-4380 971; www.weinbau-goelles.at.

Tipp: In Hatzendorf ab der Eisenbahnkreuzung (EK, km-Marke 4,065) zum Kunst-Gasthof „Malerwinkl".

Alternative: Mit dem Zug oder Bus nach Hatzendorf; auf dem „Weinweg" zurück zum Bahnhof Fehring (P+R).

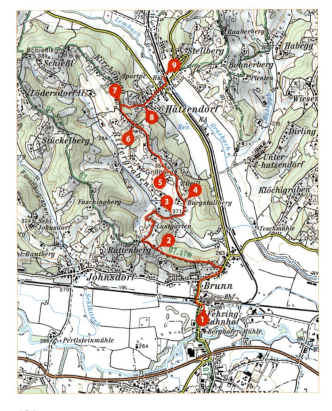

134

Der Kraft- und Rastplatz „Kunst und Wein", am Weingut Kapper, gestaltet von Peter Troißinger, Künstler „eat & art" am Malerwinkl

Ab dem **Bahnhof Fehring** (261 m) ① zur Halle der „Steirischen Beerenobstgenossenschaft". Nach der Eisenbahnkreuzung („EK km 188.878"; kilometriert ab Györ, Ungarn) auf Gehsteigen zum Gasthaus Schreiner im Ort Brunn. Nahe davon bergan zum „Römerstein"; konkret ein römischer Votivstein.

In rund 300 Meter Seehöhe leitet ein Fahrweg durch Waldgelände zum **Weingut Kapper** (365 m) ②. Der Standort lädt ein zum Rasten, Schauen, Staunen, Spielen und Verweilen sowie zum Weinverkosten. Aber auch die an der Skulptur situierte Rastbank wirkt mit, dass die Unterwegszeit sich dehnen mag. Wir setzen fort: Die abwärts verlaufende Straße erschließt den „Lustgarten", so heißt dieses von Bauernhand gepflegte Kulturland. Ab der **Rittergrabenbrücke** (271 m) ③ schlängelt sich die Hofzufahrt zu einem Wegkreuz, 300 m. Darüber kulminiert der **Burgstallberg** (340 m) ④. Ein paar Gehminuten später fällt der Hinweis „Kernöl" auf; erhältlich am Hof der Familie Gütl.

Links der Straße und des Baumbestandes lässt sich der Wiesenrand gut begehen. Nach einer kurzen Bergauf-Strecke ist das Gipfelkreuz erreicht. Dessen Standort, der **Grillberg** (354 m) ⑤, ermöglicht 360-Grad-Rundblicke. Die rustikalen Sitzgelegenheiten erhöhen den Rast-Komfort auf diesem „Parade-Aussichtspunkt". Dennoch. Wir folgen erneut der Höhenstraße.

Am Hödlhof duftet dienstags und freitags holzofenfrisches Brot. Wer will solch ein gutes Stück mitnehmen? Bitte, unter Tel. +43 664 4380971 voranmelden.

Am Weingut Kapper in die Ferne schauen

Nach einer Straßenkuppe, 360 m, erreichen wir die **Buschenschank Gölles** (355 m) ⑥; diese ist familienfreundlich eingerichtet: samt Liegen und Kinderspielplatz. Nahe davon steht der „Kirchenegger Marterpfahl", 350 m. Das Kunstwerk wirkt als Verkehr-Teiler. Wir jedoch gehen geradewegs, leicht bergan, zum Scheitelpunkt in **Kirchenegg** (360 m) ⑦.

Ab diesem Aussichtspunkt schlängelt sich der Waldsteig abwärts zur **Kirche** (289 m) ⑧. Die Wanderung klingt mit einem Spaziergang aus: durch den Ort zum „Weltenpark" und anschließenden **Bahnhof Hatzendorf** (269 m) ⑨.

Wegkreuz, 300 m, und Weingarten am Burgstallberg, 340 m

[37] Kunst und Panoramen in Hatzendorf

Das Objekt „Apfel" an der Sonnseite des Graztales

Der Kunst-Panorama-Weg enthält Motive auch zu Jagd, Obst und Kinetik

Peter Troißinger – gleichermaßen kunstsinnig wie gastronomisch tätig – und die um ihn versammelte Künstlerschar schaffen inspirativ wirkende Objekte der Moderne. Dieselben strahlen subtil implementierte Heiterkeit ab, andernfalls kompetente Figuration, gezielterweise keimt Betroffenheit.
Die entlang einer öffentlichen Wegstrecke gereihten, inmitten Kulturlandes situierten Kunst-Objekte prangen – alternierend – an Wegrändern, unter Baumbestand, nahe Obstplantagen, auf Grünlandböden oder in Sichtweite zu Wohnobjekten. All diese Expositionen rufen nicht bloß Eindrücke wach, sondern erwecken Einsichten und Aussichten, komponiert aus Kunst und Panoramen. Diese Symbiose generiert Lust zum Nachfeiern. Am „Malerwinkl" zelebriert Peter Troißinger sein ihm liebstes Metier: „eat & art".

 1¾ Std. ca. 125 Hm ca. 4,5 km

Ausgangsort: Hatzendorf, 289 m. Anfahrt: aus Richtung Brunn oder Riegersburg. Oder mit dem Zug.

Ausgangspunkt: Wirtshaus/Vinothek/Kunsthotel „Malerwinkl"; Restaurant-Öffnungszeiten: Mi–Fr ab 14 Uhr; an Sa, So, Fei jeweils ganztägig; Familie Troißinger, Tel. +43 3155 2253; www.malerwinkl.com. Zugang: ab dem Bahnhof und „Weltenpark" ca. 5 Min.

Charakteristik: Güterwege, Naturboden, Nebenstraßen. Die gesamte Strecke ist grundsätzlich auch im Winter nutzbar.

Tipp 1: Ab Hatzendorf auf dem „Weinweg" nach Fehring wandern; siehe Tour 36.

Tipp 2: Im „Malerwinkl" übernachten; tags darauf der „Imker-Meile" folgen; siehe Tour 38.

MITTLERE OST-STEIERMARK · VULKANLAND UND THERMENLAND

Das Objekt „Der Herr im Haus" nächst dem Gehöft Hatzl

Nahe am **Malerwinkl** (275 m) ① leitet der „Kunst-Panorama-Weg" bergan. Das erste Objekt, vom Künstler Hans Matzer „Ausgehöhlt – Ausgenutzt" benannt, suggeriert Allgegenwärtigkeit. Im Heute klaffen die Scherenspitzen, bezogen auf Arm und Reich, weit und weiter auseinander. Den ersten Kontrapunkt, weil subtil pointiert, setzt das Objekt „Jagdsitz". Der oberhalb davon situierte „Kopf" wirkt rätselhaft. Ab der Kapelle auf dem **Bohnerberg** (370 m) ②, konkret ab dem Scheitelpunkt des Höhenrückens, reihen sich nächste Objekte: Franz Strauss nennt seine aus Kunststoffrohren geformte Skulptur „Im Gleichschritt". Aus dem Panorama-Milieu, in 340 Meter Seehöhe, taucht der uns dienende Weg in ein Waldstück.

Das Objekt „Kinetik" (konstruiert von Birgit Schwarzl) animiert gewiss jede Altersgruppe zu spielerischem Mittun, um die dynamische optische Täuschung zu ergründen. Die Sonne bringt es an den Tag: Peter Troißinger hat am **Gehöft Hatzl** (270 m) ③ ein echt lustig wirkendes Kunst-Objekt installiert, benannt „Herr im Haus". Mögen Emanzen

138

schmunzeln, Männer schmunzeln mit. Und möge jener Apfelbaum nimmermüde blühen, unter welchem eine orange lackierte Metall-Konstruktion nimmermüde verharrt.

Am sonnseitigen Rand des Grazbachtales, konkret nach der Hausnummer „Unterhatzendorf 21", reihen sich etliche Kunst-Objekte. Zunächst ranken silberfarbene Weinblätter über einem rostenden Pflug. Die Komposition gemahnt an Schillers Wort: „Das Alte stürzt. Es ändern sich die Zeiten. Und neues Leben blüht aus den Ruinen." Danach, vor einer Grünlandfläche, lächelt ein rostrotes Gesicht vor sich hin. Etliche Schritte später schimmern, gleich einem silbernen Schmetterling, zwei stattlich große Apfel-Hälften in den sonnenreichen Tag. Frühling herrscht: Apfelbäume blühen, Reih' an Reihe, auf Plantagengründen. Dasselbe Apfel-Kunstobjekt steht nicht allein. Die im derart erholsam wirkenden Ensemble platzierte Rastbank strahlt Gelassenheit aus. Wir nehmen diese an, schlendern, halten an nach gemächlichen Schritten: vor dem Kunst-Objekt „Das Rad der Zeit". Von Hans Wieser gefügt aus zwei Schwungrädern von Futterschneid-Maschinen wie aus den 1950er-Jahren.

Damals sind Arbeitsunfälle in der Landwirtschaft häufig gewesen, nein, zu oft vorgekommen. Zwei, drei Generationen später scheinen solche Schwungräder mildtätig. Eine Täuschung. Jedoch keine Täuschung liegt gegen Ende des „Kunst-Panorama-Weges" vor uns: Zum Greifen nahe steht das **Wirtshaus Malerwinkl** ① (275 m). Bitte, eintreten.

Glanz und Rost simulieren Gegenwart und Vergangenheit

MITTLERE OST-STEIERMARK · VULKANLAND UND THERMENLAND

[38] Die Hatzendorfer „Imker-Meile"

Der „Bio-Apfel-Bauernhof Krenn" zählt zu den Leitbetrieben in Hatzendorf

Der Biene Maja und deren Artgenossen auf der Spur: kinderleicht

Im Bienenzuchtverein Hatzendorf hatte sich die Idee entwickelt, eine „Imker-Meile" herzustellen; am 18. April 2010 fand die Eröffnungsfeier statt. Die Imkerei erlebt eine Art Renaissance. Gleichermaßen erstarkte der örtliche Bienenzuchtverein. Dessen 45 Mitglieder identifizieren sich aktiv mit der „Imker-Meile"; diese wurde im Jahr 2017 adaptiert. Angeleitet von Schriftführer Josef Hafner: „Mit Fördermitteln des Tourismusverbandes Fehring – auf Grund der Verwaltungsreform ist Hatzendorf in die Gemeinde Fehring eingegliedert – haben wir, gemeinsam mit der örtlichen Landwirtschaftsschule, die Imker-Meile neu beschildert, stellenweise neu trassiert. Alle Hintergrund-Beschreibungen sind sachkundig abgefasst, zusätzlich miteinbezogen sind Bäume …" Infolgedessen nehmen Wandergäste einen umfassend informativen Naturlehrpfad wahr.

Gern wiederholen wir, die Autoren, unsere Empfehlung: Sinnhaft ist, Wanderwege während verschiedener Jahreszeiten und jeweils in beide Richtungen zu begehen: Derart anregend wirkt die beispielhaft beschilderte „Hatzendorfer Imker-Meile".

Raabtal Tour 38

⏱ 3 Std.   ⛰ ca. 300 Hm   📏 ca. 10,5 km

Ausgangsort: Hatzendorf, 289 m (www.fehring.at). Anfahrt: siehe Tour 37.

Ausgangspunkt: Wirtshaus/Vinothek/Kunsthotel „Malerwinkl", ca. 275 m; siehe Tour 37.

Charakteristik: Güterwege, Naturboden, Nebenstraßen. Die gesamte Strecke ist grundsätzlich auch im Winter nutzbar.

Einkehr: „Thermenlandhof Thierjakl" (Ruhetage: Mo, Di), Tel. +43 3387 2351; www.thermenlandhof.at. „Buschenschank Bauer", selektiv geöffnet, Tel. +43 3387 2811.

Tipp 1: „Kurze Runde"; Länge 5,3 km bzw. 1¼ Std. Ab der ersten Weggabel Richtung Hopfengraben; oder umgekehrt.

Tipp 2: „Lange Runde" in Achter-Form, mit Hilfe des Verbindungsweges, erste Weggabel–zweite Weggabel; oder umgekehrt.

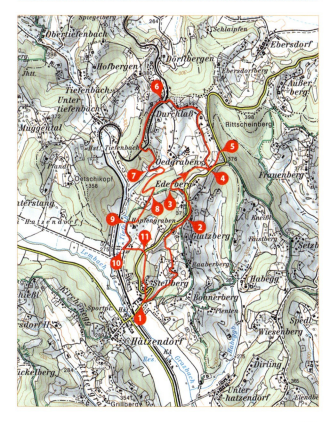

Am Infopunkt „Bienen sammeln nicht nur Honig"

Ab dem **Malerwinkl** (275 m) ① leitet die „Imker-Meile" bergan zu den Gehöften Karner und Schuster, zu einem Waldstück und über Wiesengrund zu einer Obstplantage. Eine Hofzufahrt und ein Wiesenpfad verbinden zur Kreuzung am **Glatzberg** ② (371 m).

Entlang des Folientunnels und eines sonnseitigen Pfades führt die Wanderstrecke zur Landesstraße, quert diese, und auf Naturboden zur ersten **Weggabel** (350 m) ③; siehe Tipp 1 und 2. Die „Lange Runde" bindet den **Thermenlandhof Thierjakl** (375 m) ④ ein. Dessen Wirtin weiß gut Bescheid zum **Thierkogel** (395 m) ⑤; oberhalb von Weingärten öffnen sich breite Horizonte. Auf demselben – einzigartigen – Kulminationspunkt stehen Nussbäume, Rastbänke. Das orthodoxe Kreuz, das Datum „15.4.1945" und die Richtungsangabe „Moskau" gemahnen an ein Grab russischer Soldaten; die Ost-Steiermark enthält viele Gedenkstätten entlang des Leidensweges vom Krieg zum Frieden.

Unterhalb des Thermenlandhofes **Thierjakl** (375 m) ④ verläuft – in Nobelperspektive – die Wanderstrecke Richtung „Buschenschank Bauer" und zur **Eisenbahnkreuzung (EK) am Durchlass** (340 m) ⑥. Aus dem anschließenden Waldstück erreicht man erneut die Thermenbahntrasse, anschließend eine Holunter-Infotafel. Ein Plakat zitiert den Volksmund: „Vor dem Holunder zieh' den Hut"; www.holunder.com. Hier, aus dem

Oedgraben (285 m) ⑦, leitet eine Links-rechts-Wegzacke, durch Waldgelände, bergan zur zweiten **Weggabel** (335 m) ⑧; nun sind beide Strecken wieder vereint (siehe Tipp 1 und 2). Auf das Wohnobjekt „Hopfengraben-Friedl" folgt ein Waldstück; erst an dessen sonnseitiger Ecke steht die nach Josef Ropossa benannte **Bienenhütte** (300 m) ⑨.

Nahe daran reihen sich die Plantagen des „Bio-Apfel-Bauernhofes Krenn". Diesen Muster-Betrieb – er dominiert den **Hopfengraben** (280 m) ⑩ – überblickt man am besten vom **Rastplatz eat & art** (325 m) ⑪. Auf ferne Blicke, samt der Riegersburg, folgt bodenständige Nahversorgung: Im Hofladen der Familie Böhm (www.beate-boehm.at) werden Ab-Hof-Produkte angeboten; allesamt schmecken herzhaft. Kurz nach der Landwirtschaftsschule ist das Ziel wahrnehmbar: die auf „eat & art" spezialisierte **Gourmet-Gaststätte Malerwinkl** (275 m) ① der Familie Troißinger.

Orthodoxes Kreuz am russischen Soldatengrab („15.4.1945"), Standorthöhe zirka 395 m, auf dem Thierkogel

MITTLERE OST-STEIERMARK • VULKANLAND UND THERMENLAND

[39] Raabtal, Riegersburg und Schokowelt

Die Riegersburg steht auf dem Stumpf eines Vulkanschlotes, 484 m

Aus diesem Tagesausflug bleiben viele, zusätzlich süße Erinnerungen erhalten

Anno 1128 wird die Riegersburg erstmals genannt. Nie wurde die auf einem Vulkanstumpf errichtete, bis zum Jahr 1685 zur „stärksten Festung der Christenheit" ausgebaute Burg von Feindes Hand erobert. In der Moderne finden Eroberungen der anderen Art statt. Basierend auf touristischen Interessen. Diesfalls anschaulich gemacht an der im Sommer 1987 stattgefundenen Landesausstellung „Hexen und Zauberer". Der Nachhall war groß. Anno 2014 wurde am dorfseitigen Burgaufgang eine Wegsperre installiert: Eintritt zur Burganlage nur noch gegen Bezahlung. Infolgedessen kann die Burg an keiner Seite mehr frei erreicht werden. Die Riegersburg ist einen eigenen Ausflug wert, angereichert mit dem Schlossmuseum und mit Spaziergängen um den Burgfelsen.

Solch eine Empfehlung harmoniert mit der Objektivierung zur unten empfohlenen Wanderstrecke: Diese scheint ausreichend lang zu sein für einen Tagesausflug, an den man sich gerne erinnert. Mitgetragen vom Eindruck, dass der Badesee Riegersburg und dessen hügelige Umgebung samt Buschenschank-Betrieben zusätzliche Ausflüge wert sind.

Raabtal | **Tour 39**

 5½ Std. ↑ 385 Hm, ↓ 375 Hm ca. 16 km

Ausgangsort: Feldbach, 282 m. Anfahrt: von der A 2 Südautobahn, Ausfahrt „Gleisdorf Süd" oder „Fürstenfeld-Ilz".

Park and Ride: Bahnhof Feldbach.

Ausgangspunkt: Bahnhaltestelle Lödersdorf. Zufahrt: vorzugsweise mit dem Zug.

Endpunkt: Bahnhof Feldbach.

Charakteristik: Güterwege, Naturboden, Nebenstraßen. Die gesamte Strecke ist grundsätzlich auch im Winter nutzbar.

Einkehr: „Buschenschank Maurer" (R: Di, Do), geöffnet ab 14 Uhr, Tel. +43 3153 8380; www.buschenschank-maurer.at. Restaurant „Seehaus" am Seebad Riegersburg, Tel. +43 3153 72106; www.seehaus-riegersburg.at.

Tipp 1: www.veste-riegersburg.at, www.greifvogelflugschau.at.

Tipp 2: „Zotter Schokoladenmanufaktur", www.zotter.at.

An der **Bahnhaltestelle Lödersdorf** (271 m) ① verlockt die benachbarte Gaststätte Kniely zum Einkehren. Wie recht! Angelehnt an das russische Sprichwort, „bevor du auf Reise gehst, setz dich nieder".

Eine Übersichtstafel samt Karte informiert zur gesamten vor uns liegenden Wegstrecke. Der Abschnitt Lödersdorf–Riegersburg–Fröhlichberg ist identisch mit der „Kopfspur". An dieser nehmen wir heute, aus eigener Kraft, viele markante Wegpunkte wahr, u.a. die Lödersdofer Kapelle, den Infopunkt „Das Ohr und der Hörvorgang", den Rastplatz am Infopunkt „Waldrestaurant

Dieses Parade-Wegstück verbindet zum Konixberg, 360 m

MITTLERE OST-STEIERMARK • VULKANLAND UND THERMENLAND

Lödersdorf"; von diesem zeugen nur noch wenige Steine. Auf das Waldgelände folgt, inmitten einer Plantage, der Weg am **Kundnerberg** (350 m) ②.

Hinzu kommen ein fotogenes Holztor, ein Wegkreuz (der Korpus ist blau geschürzt), am Wegrand dicht blühende Rautenblättrige Glockenblumen (*Campanula rhomboidalis*). Ein Hochspannungsmast überragt den Buchberg, 385 m. In Kleinbergl öffnen sich erste Ausblicke zur Riegersburg; zeitgleich leitet die „Kopfspur" – nun gemeinsam mit den Wegen Nr. 07 und 786 – zur „Vulkanliege", 360 m. Dieselbe ermuntert uns, ein paar Herzschläge lang auf ihr innezuhalten. Angenommen!

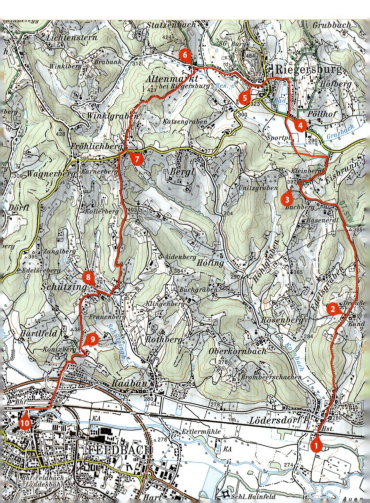

Wir spazieren fort, orientieren uns am Hinweis **Buschenschank Maurer** (380 m) ③. Oberhalb, auf dem 397 Meter hohen Maurerkögerl, steht ein Klapotetz. Von dessen Standort schauen wir, erneut, Richtung Riegersburg. Das von einer Liechtensteiner Familie bewohnte Schloss hebt sich mit markanten Konturen ab; an den Fuß des Schlossberges schmiegt sich das Dorf Riegersburg … welch eine Harmonie des Kontrastes.

Der ursprüngliche Wanderweg, von Kleinbergl talwärts, wurde in ein Wildgatter einbezogen. Daher enthält der aktuelle Umweg eine Schleife entlang von Asphalt. Jedoch nutzen Ortskundige jenen Waldsaum wenig oberhalb des Grazbaches und gehen, wie einst, vom Sportplatz zum **Seebad** ④ (300 m). Ein erholsamer Rastpunkt – natürlich samt „Riegersburg-Blick" –, umgeben von Weingärten. Diese erschließt der örtliche „Genussweg". Dessen schmuckes Wegzeichen nehmen wir wahr am Zugang in das Dorf, konkret zur Bushaltestelle „Riegersburg Mitte". Wir schlendern durch die Ortsmitte von **Riegersburg** ⑤

Klapotetz auf dem Maurerkogel, 397 m, in Kleinbergl

(377 m), durchschreiten das wehrhaft gemauerte „Grazer Tor". Wer mag, zweigt zum Eingang des Burgweges ab.

Unsere Route leitet abwärts, in den Boden des Grazbachtales, und nach **Altenmarkt** (310 m) ⑥. Ab nun häufen sich die „Umdreh-Momente": Die Riegersburg – diese einzigartige Landmarke – beherrscht die Landschaftsszene.

Wir gewinnen erneut an Höhe. Ein Wegpunkt ist der sagenumwobenen Schlossherrin gewidmet, genannt die „damische Kathel"; nachlesenswert. Am Wegrand blühen Rautenblättrige Glockenblumen. Noch immer, und schon wieder, steht die Riegersburg im Blickfeld. Hebt sich während des Zugehens auf die Kapelle „Rotes Kreuz" (erbaut 1858) der Lärmpegel? Dann sind in **Fröhlichberg** (400 m) ⑦ die Pforten zur Schokowelt Zotter geöffnet. In der Grünfläche davor lachen nicht nur die drei Endorphine-Köpfe; diese ähneln den Muppets.

Auch die weiterführende Strecke ist eindeutig bezeichnet: Die Wegnummer 786 bzw. die „Linke Kopfspur" leitet inmitten Kulturlandes und, allmählich abwärts, durch ein Waldstück in das **Dorf Schützing** (301 m) ⑧. Erraten! Erneut führt unsere Wanderstrecke bergan, vorbei an der innovativen Tischlerei Knaus. Erst an den gelben Postkästen zweigen wir ab. Ein Pfad inmitten breiter Wiesenflächen – sozusagen das „heute schönste Wegstück" – mündet in den Rastplatz am **Konixberg** (360 m) ⑨.

Gelassenheit ist Trumpf; wir halten Ausschau. Die gewellte Silhouette der beiden Gleichenberger Kogel belebt die Horizontlinie. Nachdem aus dem Raabtal erneut Pfeifsignale tönen, setzen wir abschließend fort: in Richtung Raabau und **Bahnhof Feldbach** (281 m) ⑩.

Dreimal „Riegersburg" – das Seebad, das Dorf und der Schlossberg samt Wehranlage und Schloss

[40] Geo-Trail und Wanderwege um Kapfenstein

An der Sonnseite des Kapfensteiner Kogels steht die Kirche, 405 m

Vor rund zwei Millionen Jahren waren mehr als 40 Vulkane aktiv

Gern folgen wir gehaltvollen, thematisierten Wanderstrecken: An dem anno 2001 vom Geologic-Team Hermann/Loizenbauer/Messner hergestellten „Geo-Trail Kapfenstein" beweist sich nachhaltige Qualität. Die elf populär-wissenschaftlich aufbereiteten Info-Haltepunkte entlang des rund zwei Kilometer langen „Geo-Trails" sind anschaulich erhalten verblieben. Als vorteilhaft erweist sich, dieselbe Strecke während des Winterhalbjahres zu begehen, konkret zwischen dem Spätherbst und dem Frühjahr. Dann sind die geologischen Aufschließungsflächen frei von Vegetation. Diese Wanderung bezieht die nahe Umgebung von Kapfenstein mit ein. Folglich bildet das Schloss Kapfenstein – es entstand aus einer im elften Jahrhundert erbauten Wehrburg – wortecht den Höhepunkt in diesem Ausflug. Der Schlosskeller des Weingutes Winkler-Hermaden mag ein zusätzlicher Zeuge sein.

2½ Std.   ca. 200 Hm   ca. 6 km

Ausgangsort: Kapfenstein, 300 m. Anfahrt: von der A 2 Südautobahn, Ausfahrt „Gleisdorf Süd"; oder von der A 9 Pyhrnautobahn, Ausfahrt „Vogau".

Ausgangspunkt: Gemeindehaus bzw. Gasthaus „Dorfwirtin" (R: So, Fei); Angelika Luttenberger, Tel. +43 664 4103760.

Charakteristik: Güterwege, Naturboden, Nebenstraßen. Die gesamte Strecke ist grundsätzlich auch im Winter nutzbar.

Einkehr: Gasthof „Kapfensteinerhof" (R: Do); Familie Url, Tel. +43 3157 30014. Restaurant „Schloss Kapfenstein", mit Terrasse, Tel. +43 3157 300300; www.winkler-hermaden.at.

Tipp: Im Gemeindehaus permanente Ausstellung zur Geologie; Mo–Fr 8–12 Uhr, Do 13–17 Uhr; auch nach Vereinbarung, Tel. +43 3157 2235; www.kapfenstein.at.

MITTLERE OST-STEIERMARK • VULKANLAND UND THERMENLAND

Diese Wanderstrecke enthält zwei unterschiedlich situierte Abschnitte: Die untere Teilstrecke verbindet das Dorf und die Kirche, die obere Teilstrecke enthält den „Geo-Trail" und bezieht den Kogel samt Schloss mit ein. Beide Teilstrecken können auch einzeln genutzt werden. Mit dem direkten **Rückweg** von der Kirche ins Dorf lässt sich sowohl die untere Teilstrecke als auch derart die gesamte Rundstrecke schließen.

Nahe am **Gemeindehaus Kapfenstein** (300 m) ① weist eine Tafel zur Tischlerei des Sepp Luttenberger. In diese Richtung leiten wir unseren Spaziergang ein und gehen, über die Tischlerei hinaus, zum **Wegkreuz** (360 m) ② auf Höhe der Tafel „Kölldorf".

Die ansteigende Straße nutzt uns als Zugang an den sonnseitigen Waldrand. Die **Rastbank** (375 m) ③ ist geschickt platziert; dieselbe animiert auch zu längerem Anhalten, noch mehr zu einem gleichermaßen locker-neugierigen Ins-Land-Schauen.

Aufbruch: Entlang des Waldrandes und des für mehrere Wanderstrecken nützlichen Sträßchens erreichen wir, an einer Straßenkuppe, die Bushaltestelle Hofleiten, 355 m. Nahe daran steht die „Buschenschank Puff" (selektiv geöffnet, R: Mo–Mi).

Auch ab der nächstfolgenden Weggabel, 400 m, leiten die drei parallel verlaufenden Wege – Nr. 780 „Handspur", „3-Kogel-Weg", „Kapfensteiner Runde" – in Richtung **Kirche** ④ (405 m). Kurz davor mündet der „Geo-Trail" ein. Bergseitig gegenüber der Kirche ist der Geo-Trail-Infopunkt „Im Schlot des alten Vulkans" (Nr. 3) installiert.

Ab der Kirche folgen wir dem „Geo-Trail" im Uhrzeigersinn: Ein Waldweg verbindet zum illustrierten Infopunkt „Der Vulkan von Gleichenberg" (Nr. 4; Plattform, Grafiken). Daran schließen die drei Infopunkte „Am Rande des neuen Kraters" (Nr. 5), „Der Vulkan als Baumeister" (Nr. 6) und „Der Vulkan durchs Mikroskop" (Nr. 7). Am Infopunkt „Der Vulkan von Riegersburg" (Nr. 8) erreicht man die Gipfelkuppe des Kapfensteiner Kogels. Darauf steht die **Herz-Jesu-Kapelle** (461 m) ⑤.

Drei Gehminuten entfernt liegt der Infopunkt „Im Schlot des jüngeren Vulkans" (Nr. 9). Auch aus dessen Umgebung schlendern Wandergäste gern zum **Schloss Kapfenstein** ⑥ (450 m), konkret zum Restaurant; Ausblicke von der Terrasse reichen weit in die Vulkanland-Region: „Ahhh, wie schöööön …"

Nordseitig vom Schloss, auf Höhe des Parkplatzes, gelangt man zurück zum weiterführenden „Geo-Trail", konkret zum Infopunkt „Edler Stein aus großer Tiefe" (Nr. 10). Der anschließende Infopunkt heißt „Zeugen aus Vulkanasche" (Nr. 11) und liegt nächst der Schlossstraße. An ihr geht man zum Gasthof Kapfensteinerhof. Ein willkommener, gleichermaßen empfehlenswerter Haltepunkt. Eng beisammen stehen die Übersichtstafel „Der Weg durch den Vulkan" und der erste Infopunkt; dieser erklärt die „Entstehung unseres

Diese Schautafel lehrt u.a.: „vor zwei Millionen Jahren überragten 40 Vulkane die oststeirische Schotterebene"

An der Geo-Trail-Station Nr. 5 „Am Rande des neuen Kraters"

Vulkans" (Nr. 1). Der an dieser Stelle offiziell beginnende „Geo-Trail" führt bergan zur **Kirche** (405 m) ④. Links von ihr bzw. talseitig ist der Infopunkt „Lavaströme am Stradner Kogel" (Nr. 2) wahrnehmbar. Hiermit schließt sich der obere Wanderweg-Abschnitt. Sonnseitig verbindet ein Fußweg, abwärts, in das **Dorf Kapfenstein** (300 m) ①.

SÜDLICHE OST-STEIERMARK • VULKANLAND UND THERMENLAND

SÜDLICHE OST-STEIERMARK • VULKANLAND UND THERMENLAND

[41] Gleichenberger Bahn-Wanderweg und Styrassic-Park

Am Hauptplatz in Feldbach

Wir lernen ein historisch wertvolles Fragment der Wien-Saloniki-Bahn kennen … aber wie lange noch?

Die Eisenbahn-Historie lehrt: Erstens kommt es anders, zweitens als man denkt. Nebst der Aspangbahn (Wien–Aspang, 85 km), der Wechselbahn (Aspang–Friedberg, 22 km) und der Thermenbahn (Friedberg–Fehring, 77 km) ist auch die Gleichenberger Bahn (Feldbach–Bad Gleichenberg, 22 km) ein Fragment jener Eisenbahnlinie, welche Österreich, Kroatien, Serbien und Griechenland als „Wien-Saloniki-Bahn" hätte verbinden sollen. Ein solch europäisch bedeutsames Schienenverkehrs-Projekt war zu Österreichs Monarchiezeit angedacht worden.

Die Inbetriebnahme der Gleichenberger Bahn erfolgte am 15. Juni 1931. Sie war hergestellt worden auf Grundlage eines Beschäftigungsprogramms, welches in der Zwischenkriegszeit die Not lindern half. Unterblieben ist jener Netzschluss in Purkla oder Halbenrain zur Radkersburger Bahn, wie um anno 1900 angedacht worden.

Die Gleichenberger Bahn wird touristisch in Anspruch genommen, frei nach dem Motto: Zu Fuß Richtung Bad Gleichenberg, zurück mit dem Zug. Bitte, einsteigen!

Hügelland — Tour 41

⏱ 5½ Std.   ⛰ ↑ 440 Hm, ↓ 450 Hm   📏 ca. 18 km

Ausgangsort: Bezirksstadt Feldbach, 282 m. Anfahrt: von der A 2 Südautobahn, Ausfahrt „Gleisdorf Süd" oder „Fürstenfeld-Jlz". Oder mit dem Zug.

Park and Ride: Bahnhof Feldbach.

Ausgangspunkt: Bahnhof Feldbach, 281 m.

Endpunkt: Bahnhof Bad Gleichenberg, 269 m.

Rückfahrt: Mit dem Zug bzw. der „Gleichenberger Bahn" oder dem RegioBus.

Charakteristik: Gehwege, Güterwege, Naturboden, Nebenstraßen. Die gesamte Strecke ist grundsätzlich auch im Winter nutzbar.

Einkehr: Restaurant „Wirt am Golfplatz", Tel. +43 3159 4409. „Buschenschank Leitgeb", Tel. +43 3159 2885; www.weingut-leitgeb.at.

Anrufsammeltaxi „Gasti": Individueller Transfer innerhalb des Gemeindebereiches Bad Gleichenberg, Tel. +43 664 9583651.

Tipp 1: Stadt-Spaziergang in Feldbach; www.feldbach.gv.at (siehe „Sehenswürdigkeiten").

Tipp 2: „Styrassic Park", April bis November; www.styrassicpark.at.

Tipp 3: Spaziergang im Kurort und Kurpark Bad Gleichenberg; www.bad-gleichenberg.gv.at (siehe „Sehenswürdigkeiten").

Vor dem **Bahnhof Feldbach** (281 m) ① weist die in der Region „Vulkanland" omnipräsente Wegnummer 786 in Richtung Bad Gleichenberg. Geradewegs führt die Franz-Josef-Straße in das Stadtzentrum.

Gleichermaßen Sinn macht, am Ufer der Raab flussaufwärts zu spazieren und in einem Links-rechts-Bogen – folglich ebenfalls über den Hauptplatz – aus dem Stadtzentrum den historischen „Metzen" und anschließend das „Grazer Tor" zu erreichen. Dieses wehrhaft gemauerte nordseitige Stadttor ist rund 400 Jahre alt.

Ab dem Landeskrankenhaus (LKH) gewinnt man allmählich an Höhe, zugleich Überblick auf die Bezirks-Hauptstadt, das Raabtal und die hügelreiche Umgebung. Im Nahbereich der Kirche auf dem **Kalvarienberg** (374 m) ② stehen Panoramatafeln; auch ist ein Rastplatz eingerichtet. (Dieser Wegpunkt gefällt manch Ausflugsgästen als Wendepunkt.)

Ab dem Wohnobjekt „Unterweißenbach 150" verbindet der uns nützliche „Gleichenberger Bahn-Wanderweg" zur Eisenbahnkreuzung nahe der **Bahnhaltestelle Prädiberg** (390 m) ③.

SÜDLICHE OST-STEIERMARK • VULKANLAND UND THERMENLAND

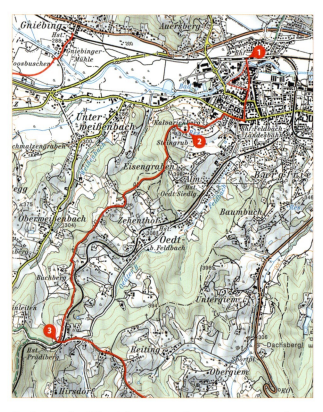

Konkret an der Bahn-Kilometer-Marke 7,165 zweigen wir ab: Die anfangs ostwärts und leicht bergab führende Straße erschließt einen Höhenrücken; dieser verläuft allmählich südwärts. Die Wanderstrecke ist identisch mit der „Tatschkerland-Genussradtour". Tatschker? Der Vulgärname irritiert weder grasgrüne Frösche noch erdbraune Kröten. Auf den Hinweis „echtes Kernöl" (bitte, was sonst?) und einen **Bildstock** (408 m) ④ samt Rastbank folgt ein Wildgehege. Auch dieses ist ein Grund mehr, um zwischendurch anzuhalten, die Strecke bewusst(er) wahrzunehmen.

Am „Hoffeldweg" trennen sich unterschiedliche Interessen: Die „Bergschenke Hadler" lockt an; ein Abstecher dorthin macht Sinn. Jedoch geradeaus, in der Hauptrichtung, lockt der **Wirt am Golfplatz** (420 m) ⑤ an. Flair und Qualität harmonieren.

Hügelland　　　　　　　　　　　　　　　　　　　Tour 41

Aus dem Unterbewusstsein quillt Aufbruchstimmung, der Weg ist das Ziel. Man umgeht den Golfplatz südostseitig, im Uhrzeigersinn. Von der Tafel „Schlossgut Stubenberg" – und unterhalb der Schloss-Ruine Gleichenberg – verbinden Fußwege zur Tafel „Schmalisweg". Dieser leitet abwärts in einen Talboden und der anschließende „Vausulzweg" zum **Styrassic-Park** (300 m) ⑥, beginnend am Objekt „Dinoplatz 1".

Ab hier sind der Phantasie keine Grenzen gesetzt. Realität ist, vor 65 Millionen Jahren starben die Dinosaurier aus. Die Wissenschaft weiß zusätzlich: Raben sind Nachkommen der Dinosaurier; deren Untergang ermöglichte das Werden des Menschen. Die Evolution ist ein weites, ein spannendes Land.

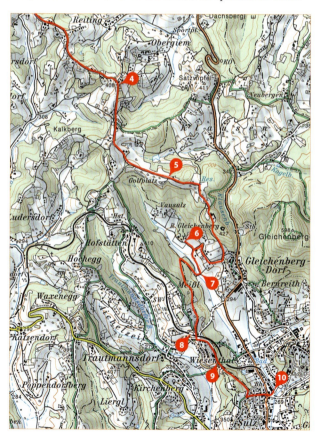

Relativ kurz ist das abschließende Wegstück: Auf dem „Vausulzweg" talaus. Ab der **Schmalisbachbrücke** (290 m) ⑦ weisen großzügig dimensionierte Wegzeichen bergan, durch Waldgelände, zur **Bahnhaltestelle Trautmannsdorf** (310 m) ⑧. Hier besteht die Möglichkeit, die Gleichenberger Bahn zu benutzen. Wer jedoch die gesamte Strecke zu Fuß zurücklegen will, folgt nun wieder dem „Gleichenberger Bahn-Wanderweg"; dieser führt zur **Buschenschank Leitgeb** (300 m) ⑨. Nach einem halbwegs ebenen Waldstück erreicht man die Villa Hohe Warte, 295 m; ein edler Wegpunkt am „Hohe-Warte-Weg". Ab der Hausnummer 398 leitet ein Fußweg abwärts zum Kreisverkehr am südwestseitigen Ortsrand. Unweit der Gaststätte „Remise" erreicht man den **Bahnhof Bad Gleichenberg** (269 m) ⑩. Es gibt viele Gründe, bald wiederzukommen in die Vulkanland-Region.

Vom Kalvarienberg, 374 m, Stadtblick auf Feldbach, 282 m

[42] Der „Kaskögerlweg" punktet im Vulkanland

Park und Taverne am Schloss Poppendorf gewährleisten erholsames Rasten

Auf Vulkanismus-Spuren zu herzhaft erfrischenden regionalen Produkten

An einigen der insgesamt einladenden Haltepunkte erläutern Beschreibungen das Relief der – vor Millionen Jahren – von Vulkanismus geformten Landschaft. Der thematisch aufbereitete „Kaskögerlweg" besteht seit rund 15 Jahren. Im Volksmund veränderte sich das ursprüngliche Oronym: Der Bergname „Kieskögerl" mutierte zu „Kaskögerl".

Entlang dieses ÖV-affinen Themenweges verbinden sich Natur- und Kulturgenuss. Eine ideell gesinnte Arbeitsgemeinschaft hält den „Kaskögerlweg" instand. Mehr noch: Neuerungen kommen hinzu. Beispielsweise wurde aus alter Bausubstanz, welche in sachkundiger Weise nach Ebersdorf übertragen worden war, das Winzerhaus „Sandstöckl" errichtet.

Der „Kaskögerlweg" wird beständig gepflegt, folglich werden Wiesenpfade ausgemäht, Stege und Brücklein erneuert. Potenzielle Rastpunkte sichern erholsames Pausieren, angereichert mit herzhaft hergestellten regionalen Produkten.

Der „Kaskögerlweg" ist vorbildhaft organisiert und punktet in der Meinungsbildung: „Wir kommen wieder …"

SÜDLICHE OST-STEIERMARK • VULKANLAND UND THERMENLAND

 3¼ Std.   ca. 380 Hm   ca. 10 km

Ausgangsort: Gnas, 279 m. Anfahrt: über Feldbach, Bad Gleichenberg oder Deutsch Goritz. Oder mit dem Zug.

Ausgangspunkt: Tofferlegg; Zugang: ab Gasthaus „Binderhansl" 5 Min.; ab Bahnhof Gnas 12 Min.; aus Gnas bzw. ab dem „Jufa" 20 Min.

Charakteristik: Fußwege, Güterwege, Naturboden, Nebenstraßen. Die gesamte Strecke ist grundsätzlich auch im Winter nutzbar.

Einkehr: „Obsthof Haas", Rastplatz mit Getränke-SB; Bewirtungen vorbestellen bei Roswitha Haas, Tel. +43 664 7677521; www.obstbauhaas.at. „Schlosstaverne Poppendorf" (R: Mi); Schankbetrieb; Catering auf Anmeldung, Tel. +43 3151 2555. Landgasthof „Binderhansl" (R: Mo), Tel. +43 3151 2365.

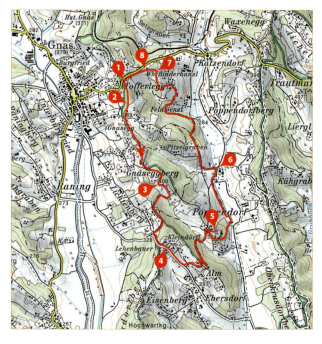

Von drei Seiten – alternativ ab dem Parkplatz am Landgasthof „Binderhansl", ab dem Bahnhof Gnas oder aus der Ortsmitte von Gnas – leiten Fußwege Richtung **Tofferlegg** (357 m) ①, daher auch zum Kalvarienberg. Der von Bäumen umgebene sakrale Platz und dessen Kirchlein wirken einstimmend, angepasst der abgeschirmten Umgebung.

Hügelland   **Tour 42**

Vom „Lindenplatz" zum Gleichenberger Kogel, 598 m

Wir wenden uns dem speziell beschilderten „Kaskögerlweg" zu: An der Tofferlegg-Straßenkreuzung weisen rot-weiß-rote Farbmarken und Wegtafeln in ein Waldgelände. Der am **Kaskögerl** (380 m) ② angelegte Rastplatz ist zugleich ein potenzieller Infopunkt: Wandergäste erfahren aus Tafeltexten Einzelheiten zum „Vulkanland", insbesondere zum „Kaskögerl-Vulkan". Besucher nehmen ein Tuffwand-Teilstück (im Miniformat) der ehemaligen Kraterwand wahr. Kurz gefasste Texte erklären die Millionen Jahre lange Entwicklung des Landschaftsbildes; dieses war von einem subtropischen Meer geprägt. Einer der Texte erläutert folgenden Zusammenhang: *„... Magma durchstieß beim Aufsteigen aus dem Erdinneren diese Meeresablagerungen und riss Bruchstücke davon mit sich. Dieser graue Meeresboden fiel mit den schwarzen Basaltsteinchen wieder zu Boden. Wie heißer Regen. Die emporgeschleuderte, zu Kügelchen zerfetzte Magma sank zu Boden und bildete die Schichten, die wir vor uns sehen."*
Kulturland umgibt den Höhenrücken Gnasegg, 369 m. Nach Wohnobjekten, Bienenstöcken und nach einem Bildstock, 350 m, erreicht man am Gnaseggberg den ideal situierten **Obstbau Haas** (400 m) ③. An dessen rustikal angelegtem Rastplatz, samt SB-Getränkeschrank, dauern Aufenthalte mitunter lang; derart geselliges Wandern bewegt den Kopf, zusätzlich den Bauch.
In der Obstbau-Plantage beschreibt ein Tafeltext den „Obstgarten Österreichs". Durch solcherart Gelände führt das an-

schließende Wegstück Richtung Kleindörfl in Ebersdorf, konkret zum **Rastplatz am Winzerhaus Sandstöckl** (340 m) ④. In dessen Keller sind Getränke auf SB-Art entnehmbar. Das aus einem Altbestand übertragene Objekt wurde 2017 aufgestellt, zeitgleich ein „Bienenlehrpfad" angelegt.

Der „Kaskögerlweg" erreicht, nun oberhalb des Ortsteiles „Alm", wieder den Waldrücken. Die klassische Wegtrasse leitet in einen Graben, 295 m, und daraus zum Schloss Poppendorf. Dessen Park und **Schlosstaverne** (324 m) ⑤ laden ein zu erneutem Anhalten: Naturbedingtes und gastfreundliches Flair zeichnen diesen Wanderweg aus.

Im Talboden, 275 m, überquert man auf einem Steg den Poppenbach und spaziert bachaufwärts nach **Poppendorf** (285 m) ⑥. Am Sportplatz ist eine Getränke-SB-Station eingerichtet. Der „Kaskögerlweg" verläuft am Saum eines Waldbereichs und erschließt eine Anhöhe, genannt **Lindenplatz** (380 m) ⑦. Der informative Aussichtspunkt enthält rustikale Rastgelegenheiten. Auch geben zwei imitierte Fernrohre jeweils Schein-Blicke frei zu den Hochstradener Lavaseen und zum Gleichenberger Vulkan – Millionen Jahre sind seither vergangen.

Das Ende der Wanderstrecke ist überschaubar. In Sichtweite steht der **Landggasthof Binderhansl** (370 m) ⑧. Für jene Ausflugsgäste, die hier parken, schließt sich die Rundstrecke. Objektiv schließt die Rundstrecke des „Kaskögerlweges" am **Tofferlegg** (357 m) ① bzw. am individuell erwählten Endpunkt.

Am Kaskögerlweg, Weingarten in Gnaseggberg, 400 m

[43] Freilichtmuseum Trautmannsdorf und Lindenkapelle

Die „Weinzödelei" und das Feuerwehr-Rüsthaus im Freilichtmuseum Trautmannsdorf (FMT)

Ein Kleinmuseum von unschätzbarem Wert

Johann und Theresia Praßl legten bis in die 1980er-Jahre ihre erste volkskundliche Sammlung an. Der damalige Ausstellungsort, genannt „Museum im Troadkostn zu Giem" (in Mühldorf bei Feldbach) war über lange Zeit ein fester Begriff. Die ab 1983 öffentlich zugänglich gewesenen Objekte und Exponate wurden ab anno 2008 nach Trautmannsdorf übertragen. Hier hatte Johann Praßl ein neues, erweitertes Freilichtmuseum angelegt; es wurde im Jahr 2012 eröffnet. Das „Freilichtmuseum Trautmannsdorf" ragt wegen seines vielfältigen, spartenübergreifenden Inhaltes heraus. Die maßstabgerecht nachgebauten Objekte – u.a. eine Dorfschmiede, ein Feuerwehrdepot, eine Handwerkstube, eine Kapelle, ein Troadkasten, ein Winzerhaus, genannt „Weinzödelei" – enthalten gemeinsam rund 5.000 Exponate. Miteingeschlossen Dokumente betreffend den Ersten Weltkrieg, die Zwischenkriegszeit (1919–1939), den Zweiten Weltkrieg und die ab 1945 währende Nachkriegszeit. Der Themenbogen spannt sich von der Ur- und Frühgeschichte über die Religion bis in die Gegenwart. Johann Praßl hat viel Kulturgut sichergestellt, vor endgültigem Verlust gerettet. Beispielsweise jenen Gedenkstein, der jenen fünf Arbeitern gewidmet ist, welche am 29. November 1927 bei Bauarbeiten an der Gleichenberger Bahn tödlich verunglückten.

Weil für den Gedenkstein-Standort niemand zahlte, wollte ein Pfarrer denselben Stein aus dem Friedhof Trautmannsdorf entsorgen lassen. „Das kann doch nicht sein", monierte Johann Praßl, und übernahm den nämlichen Stein in das Freilichtmuseum.

Allein an dieser jüngeren Episode erhellt sich der immense „innere Wert" des von Johann Praßl und seiner Familie geschaffenen Lebenswerkes. Das „Freilichtmuseum Trautmannsdorf" ist auch ÖV-affin einfach erreichbar: mit der Gleichenberger Bahn oder mit dem Anrufsammeltaxi „Gasti".

SÜDLICHE OST-STEIERMARK · VULKANLAND UND THERMENLAND

 2 Std. ↑ 220 Hm, ↓ 120 Hm ca. 6,5 km

Ausgangsort: Kurort Bad Gleichenberg, 317 m. Anfahrt: von der A 2 Südautobahn, Ausfahrt „Gleisdorf Süd" oder „Ilz"; oder von der A 9 Pyhrnautobahn, Ausfahrt „Vogau".

Park and Ride: Bahnhof Bad Gleichenberg.

Ausgangspunkt: Bahnhaltestelle Hofstätten, 371 m. Zufahrt: mit dem Zug bzw. mit der „Gleichenberger Bahn".

Freilichtmuseum Trautmannsdorf: Geöffnet 1. Mai bis 31. Oktober, Mi–So, jeweils 10–12 und 14–17 Uhr. Bitte, zu Führungen anmelden, Tel. +43 3159 45422; www.freilichtmuseum-trautmannsdorf.at.

Endpunkt: Bahnhof Bad Gleichenberg, 269 m.

Charakteristik: Naturboden, Nebenstraßen. Die gesamte Strecke ist grundsätzlich auch im Winter nutzbar.

Einkehr: In Trautmannsdorf „Café Wolf"; Gasthof „Steira-Wirt" (R: Di, Mi), Tel. +43 3159 4106. „Buschenschank Leitgeb", siehe Tour 41.

Anrufsammeltaxi „Gasti": Individueller Transfer innerhalb des Gemeindebereiches Bad Gleichenberg, Tel. +43 664 9583651.

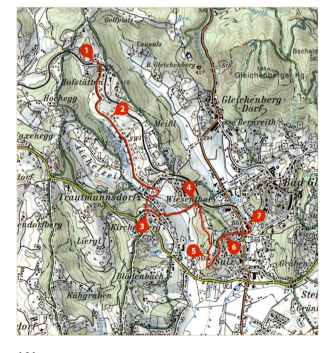

Die Lindenkapelle auf dem Rudorfkogel, 350 m

Ab der **Eisenbahnkreuzung in Hofstätten** (371 m) ① verbindet die abwärts führende Straße direkt mit dem **Freilichtmuseum Trautmannsdorf** (295 m) ②. Vorteilhaft ist ein Rundgang unter sachkundiger Führung; Museumsleiter Johann Praßl nimmt alle Gäste einfühlsam wahr. Nicht minder anziehend als die Bauwerke wirken die Schauräume, konkret darin die Themen „Schutz und Trutz", „Schweiß und Brot", „Schmuck und Geld", „Fruchtbarer Lebensraum", „Not und Notwendigkeit" sowie „Vulkane und Meere". Wahrhaftig schaurig verliefen

Zugang von Hofstätten zum Freilichtmuseum Trautmannsdorf (FMT)

„Hexenprozesse". Erstaunen lässt, wie viel spartenübergreifende Information dieses Museum enthält. Dafür danken wir, verabschieden uns mit Handschlag.

Jenes nahe am Freilichtmuseum stehende Wegkreuz heißt „Kaufmannkreuz". Wir gehen, entlang der Straße, zum anschließenden „Herzspur-Wanderweg". Auf ihm überqueren wir die „Brücke vom Ich zum Du" (Infopunkt Nr. 6).

Im **Ort Trautmannsdorf** (326 m) ③ sehen wir uns gern um. Die Kirche birgt die Grabstätte des Herrand Graf von Trauttmansdorff; dieses Geschlecht zählt zum Uradel der Steiermark.

Die „Vulkanland-Herzspur" führt abwärts in den Talboden, daraus bergan zum Infopunkt „Miteinander reden" (Nr. 9) und zur **Buschenschank Leitgeb** (300 m) ④. Rechtshaltend, durch Waldgelände, spazieren wir zu den Herzspur-Infopunkten „Beziehung in Balance" (Nr. 5) und „Du – nicht mein Ein und Alles" (Nr. 4).

Der Infopunkt Nr. 3, „Was ich an dir mag", ist nächst der auf dem Rudorfkogel stehenden **Lindenkapelle** (350 m) ⑤ situiert: ein erholsamer Aussichtspunkt. Die Kapelle stammt von anno 1935.

Aus dem „Rudorfweg", er verläuft am südseitigen Geländerücken, leitet der „Carlshöheweg" zur **Villa Hohe Warte** (295 m) ⑥. Wie bei der Tour 41 zum **Bahnhof Bad Gleichenberg** (269 m) ⑦.

Wegpunkt „Herz-Spur" nächst der Lindenkapelle auf dem Rudorfkogel, 350 m

[44] Albrechtshöhe, 390 m, und Gleichenberger Kogel, 598 m

Die „Edelweißwarte" auf der Albrechtshöhe, zirka 390 m

In Bad Gleichenberg und Umgebung gelassen durch einen langen Tag spazieren

Spazieren, Staunen, Halten, Wandern, Schauen, Rasten, Schlendern, Einkehren: Bad Gleichenberg, der älteste Thermal-Kurort der Steiermark, regt an: zum Bewegen und, wechselweise, zu Gelassenheit samt Innehalten. Bevorzugt im Bereich der am Hauptplatz vital sprudelnden Brunnen. Wer am Beginn dieses Ausfluges eine Viertelstunde müßig sein mag, entschleunigt gleichermaßen sich und den Tageslauf. Wer auf der „Edelweißwarte" in den Horizont schaut – und mögen die aneinander gereihten Blickwinkel jeweils bloß einem schmalen Tortenstück gleichen –, vertieft sich in Raum und Zeit individueller Dimension. Wer beim historischen „Mühlsteinbruch" verinnerlicht anhält, erfühlt anschließend kreative Unruhe. So sei es: Bewegen ist Segen, nachvollziehbar im steilen Wegstück zum höchsten Punkt dieser Wanderstrecke. Unser Vorsatz hält an: „In gelassener Weise durch einen langen Tag spazieren." Begleitet von Kräften der Natur. So einfach und gleichermaßen schön.

SÜDLICHE OST-STEIERMARK • VULKANLAND UND THERMENLAND

3¼ Std.   ca. 350 Hm   ca. 11,5 km

Ausgangsort: Kurort Bad Gleichenberg, 317 m. Anfahrt: siehe Tour 43.

Ausgangspunkt: Tourismusbüro, Obere Brunnenstraße 1 (nächst dem Hauptplatz). Zugang: aus dem Kurpark oder von Parkplätzen. Oder ab dem Bahnhof durch den Kurpark, Gehzeit 15 Min.

Charakteristik: Gehwege, Naturboden, Nebenstraßen; viel Waldgelände. Die gesamte Strecke ist grundsätzlich auch im Winter nutzbar.

Einkehr: „Schlössl-Hotel Kindl", Bernreither Straße 34; www.schloessl-hotel.at.

Anrufsammeltaxi „Gasti": Individueller Transfer, Tel. +43 664 9583651.

Tipp 1: Wanderstrecke abkürzen; vorzugsweise über „Gasti"-Haltestellen samt Transfer.

Tipp 2: „Vulkanland-Markt", freitags 16–19 Uhr, am Hauptplatz von Bad Gleichenberg.

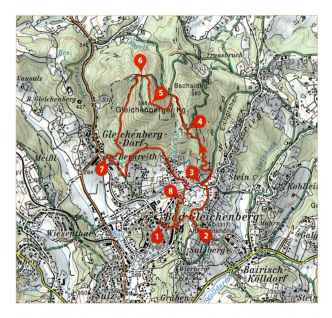

Die „Gleichenberger Kogel" (vereint aus dem Bschaidkogel und dem höchsten Punkt, kurz „Kogel" genannt) sind ein landschaftstypisches, einst von Vulkanen geformtes Relief. Dieses lässt sich weithin wahrnehmen, voran aus Richtung Schöckl und Grazer Schlossberg. Fernblicke wecken Verlangen.

Hügelland **Tour 44**

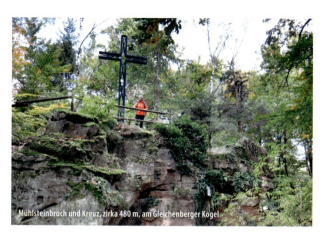

Mühlsteinbruch und Kreuz, zirka 480 m, am Gleichenberger Kogel

Wir stillen dieses: sehen uns um im **Kurpark von Bad Gleichenberg** (317 m) ①, spazieren daraus zu den Fontänen am Rande des Hauptplatzes. „Setz dich und schau uns zu", suggerieren die quirligen Wassersäulen den rundum verweilenden Gästen. Wir nehmen die Suggestion an … drängen dennoch fort: spazieren zum „Curmuseum", suchen die Therme auf, das benachbarte Thermenhotel „Emmaquelle", daran schließen das Sanatorium, die Villa „Franzensburg" und die Kreuzung „Schweizereiweg/Thermenlandweg". Die plakativ aufgemalte Wegnummer „2" leitet zur **Albrechtshöhe** (390 m) ②.

Die ursprüngliche Aussichtswarte, von anno 1882, hieß „Parapluie". 120 Jahre später erneuerte die „Kameradschaft vom Edelweiß" den Aussichtsturm. Im Blickfeld, südostwärts, liegt der Siedlungsraum „Bairisch Kölldorf". An die verlängerte Luftlinie schließt die „Dreiländerecke" (Seehöhe 343 m), ein markanter Grenzpunkt: Lange eintausend Jahre galt die östliche Steiermark als „Hofzaun des Reiches". An der „Dreiländerecke" stoßen Österreich, Ungarn und Slowenien aneinander. Was nach anno 1918 getrennt worden war, kam – dank der EU – im Jahr 2004 grenzüberschreitend zustande: voran der freie Personenverkehr. Nach einer geraumen Zeitspanne für diesen „Ausflug auf Luftlinie" holen wir unsere Gedanken zurück auf die Aussichtswarte.

Wir streben weiter, spazieren entlang des „Parapluieweges" nordwärts, bergab, in den **Eichgraben** (317 m) ③. Daraus leiten unterschiedliche Wegzeichen eines Waldlehrpfades zum **Gipfelkreuz am Mühlsteinbruch** (490 m) ④. Tafeln informieren zu dessen Historie. Die bodenständig gezimmerte Enzianwarte ermöglicht Aussicht südwärts.

Wir folgen dem Hinweis „Kogel Gipfel" (45 Min.). Das auf den Bschaidkogelsattel, 480 m, folgende steile Wegstück mündet in eine grasgrüne, von Bäumen umstandene Geländekuppe; vor den Mauerresten steht ein schlichtes Holzkreuz, beschriftet mit **Gleichenberger Kogel** (598 m) ⑤.

Der **Abstieg** erfolgt, nord- bis westwärts, zu einer **Unterstandshütte** (510 m) ⑥, benannt „Berg- und Naturwacht-Hütte". Der ab hier südwärts führende Wanderweg Nr. 1 leitet Richtung **Gleichenberg Dorf** (300 m) ⑦ und mündet an der Kapelle in den Erzherzog-Johann-Weg. Daran entlang zum Objekt „Robathweg 25". Anschließend nähern wir uns auf dem „Eselweg" bzw. Wanderweg Nr. 18 dem südseitigen Waldrand, kommen zu Wohnobjekten an der Bernreither Straße und erreichen die Anruftaxi-Haltestelle Nr. 15.

Am **Rückweg** steht, in idealer Lage, das **Schlössl-Hotel Kindl** (310 m) ⑧. In Gehrichtung rechter Hand, ab einem Steg, nimmt uns der romantisch situierte „Schluchtweg" auf; er endet am Thermen-Restaurant. Die Rundstrecke schließt, Richtung Obere Brunnenstraße und Hauptplatz, in der **Ortsmitte von Bad Gleichenberg** (317 m) ①.

Vom „Robathweg" zur Südseite des Gleichenberger Kogels

[45] Hochstraden und die Vulkanlandwarte, 479 m

Vom „Weinweg der Sinne" auf Höhe Gießelsdorfberg südostwärts zum Königsberg, 462 m

Waldböden, Weinberge und grenzenlose Weitblicke

Die „Harmonie der Kontraste" prägt die Steiermark insgesamt und, zusätzlich nuanciert, in den Regionen. In der Südost-Steiermark – konkret in der Region „Vulkanland" – fügt sich hinzu das Flair der Grenznähe, physisch nachvollziehbar an der „Dreiländerecke". An ihr berühren einander punktgenau die Staatsgrenzen Österreichs, Ungarns und Sloweniens. Dergestalt reichen Ausblicke – insbesondere auf der Plattform der „Vulkanlandwarte" – in Sphären pannonischen Klimas.

Den Fokus dieses Ausfluges bildet der Aussichtsturm auf dem Gießelsdorfberg: Die 41 Meter hohe Stahlkonstruktion wurde im Jahr 1987 errichtet; 180 Stufen führen zu einem luftig anmutenden Aussichtsplatz. Die Seitenteile der Eisenstiegen wurden nachträglich mit Planen abgedeckt; infolgedessen ersteigen mehr Gäste als zuvor die „Vulkanlandwarte".

Zu den scheinbar grenzenlosen Weitblicken kontrastieren nahe situierte Waldböden und Weinberge. Jeweils einige davon durchstreifen wir – aus eigener Kraft – in der Region „Steirisches Vulkanland".

SÜDLICHE OST-STEIERMARK · VULKANLAND UND THERMENLAND

2¼ Std.  ca. 180 Hm ca. 6 km

Ausgangsort: Hochstraden, 540 m. Anfahrt: aus Richtung Bad Gleichenberg oder Halbenrain bzw. St. Anna am Aigen.

Ausgangspunkt: Parkraum am Gehöft Schober (ehemals Buschenschank). Zufahrt: nordseitig über Steinbach, Jammberg; südseitig über Frutten oder Plesch.

Charakteristik: Naturboden, Nebenstraßen. Die gesamte Strecke ist grundsätzlich auch im Winter nutzbar.

Einkehr: Imbissstube „Hendlwirt" (an der Vulkanlandwarte), geöffnet März bis Oktober. Gasthof „Grenzlandhof", Ostern bis Mitte Oktober, an Sa, So, Fei; Ulrich, Tel. +43 3158 2270.

Tipp: Ab der Straßenkuppe, 570 m, auf einem Fahrweg zum Sender auf dem Stradner Kogel, 609 m; 10 Min.

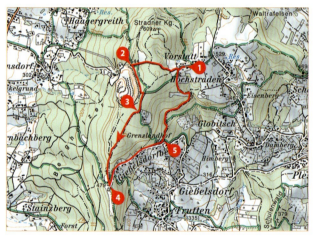

Ab der ehemaligen **Buschenschank Schober in Hochstraden** (540 m) ① spazieren wir, entlang der Straße, Richtung Haag (Wegweiser), überqueren im Waldstück eine Straßenkuppe, 570 m, und gehen zum Rand am **Steinbruch** (544 m) ②; Wendepunkt am Marienbild. Hier und an ein paar nachfolgenden Aussichtspunkten ist der profund trassierte Steinbruch jeweils einsehbar: Am waldnahen (oberen) Rand des Steinbruchs gehen wir südwärts.

Unterschiedliche Wegzeichen sowie die Universal-Wegnummer 786 leiten Richtung „Aussichtswarte". Infolgedessen kommt man

Hügelland **Tour 45**

180 Stufen führen zur Plattform der 41 m hohen "Vulkanland-Aussichtswarte"

an einen rot-weiß-roten Wegschranken heran; nahe davon liegt ein **Teich** (555 m) ③.

Der Weg Nr. 786 mündet in den "Weinweg der Sinne": Flaschenhälse weisen die Gehrichtung zur **Vulkanlandwarte** (479 m) ④. Manche Ausflugsgäste nehmen sich ausreichend Zeit: auf der Turm-Plattform; an der "geerdeten Labestation" bzw. beim Hendlwirt; für einen Spaziergang im Bereich der "Vulkanlandwarte".

Der **Rückweg** verläuft, entlang der Straße – zugleich entlang des "Weinweges der Sinne" –, zum Wegpunkt "Streuobstwiese" und zum **Gasthof Grenzlandhof** (470 m) ⑤. Breit reihen sich Blickfelder über die Weinriede von Frutten-Gießelsdorfberg. Am Wegpunkt "Ins Land einischauen", angelegt nahe am Gasthof, sind viele Ortsnamen angeschrieben, jeweils samt Seehöhe und Entfernungsangabe, beispielsweise "Zaraberg, 300 m/7,0 km" (siehe Tour 50). Wir ziehen weiter, gehen vom "Grenzlandhof" in das Waldgelände: Rot aufgemalte Weintrauben weisen die Richtung; zusätzlich blaue Farbmarken (samt der Wegnummer 2).

Gegen Ende des Waldweges, oberhalb des Höllischgrabens, hängt an einem Baumstamm der Hinweis "Privatgrund-

Auf dem "Weinweg der Sinne" in Richtung Gasthof "Grenzlandhof"

stück. Betreten auf eigene Gefahr". Bitte, weitergehen. Die blauweißen Farbmarken leiten zu einem Wiesengrund. Ein grüner Pfad verbindet zur Straße und diese zum **Gehöft Schober in Hochstraden** (540 m) ①.

[46] St. Anna am Aigen und der „Weinweg der Sinne"

Von der Plattform „Über den Reben", zirka 380 m, Richtung St. Anna am Aigen

Weniger ist mehr: Aus eins mach zwei

Schlanke Flaschenhälse weisen die Richtung: zu Wein und Nektar, zu Rastplätzen samt Infopunkten. Die thematisierte Wanderstrecke wurde anno 2001 eingerichtet und integriert sich in die Landschaft, erst recht in die Köpfe von Gruppen, Cliquen, Familien und Freundeskreisen. Sie alle wollen die Landschaft der Vulkanland-Region sehen, hören, fühlen, riechen. Die Produkte derselben Landschaft schmecken allen Gästen.

Die Intensität des „Weinweges der Sinne" generiert folgende Überlegung: Sinnhaft scheint, die Wanderstrecke zu unterteilen, frei nach dem Motto, „weniger ist mehr". Gedacht, getan: Aus eins mach zwei. Folglich wendet diese Wandertour nahe dem Gehöft vulgo Kaufmann-Weber, konkret am Wegpunkt „Riede Forst und Oberstein".

Die bis hierher gewonnenen Vorkenntnisse reichen gut aus, um die zweite Hälfte des „Weinweges der Sinne" mit eigener Kreativität nachzuvollziehen. Hier wie dort gilt die Empfehlung: Folge, von Infopunkt zu Infopunkt, den schlanken Flaschenhälsen.

Hügelland — **Tour 46**

🕐 2¾ Std. ca. 300 Hm ca. 9 km

Ausgangsort: St. Anna am Aigen, 403 m. Anfahrt: aus dem Raabtal nahe Fehring. Oder aus dem Raum Halbenrain/Bad Radkersburg/Klöch.

Ausgangspunkt: Infobüro.

Charakteristik: Flurwege, Nebenstraßen. Bitte verifizieren, ob in lokalen Karten aufscheinende Objekt-Nummern mit der Natur übereinstimmen. Die gesamte Strecke ist grundsätzlich auch im Winter nutzbar.

Einkehr: Buschenschenken an Weinbauhöfen.

Tipp 1: Zweiter Wegabschnitt Infopunkt „Riede Forst und Oberstein"–Gasthof „Grenzlandhof"–Imbissstube an der „Vulkanlandwarte"; Gehzeit ca. 1 Std.

Tipp 2: Rückweg „Vulkanlandwarte"–Plesch–St. Anna am Aigen, Gehzeit ca. 2½ Std.

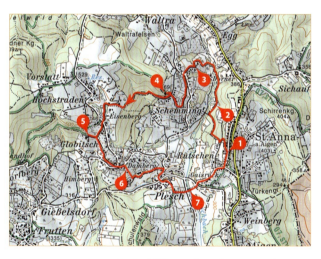

In **St. Anna am Aigen** (403 m) ① weist beim Tourismusbüro ein Schild zum „Weinweg der Sinne". Dieser führt anfangs bergab, zur **Wasserorgel** (310 m) ②, in den oberen Pleschgraben und daraus bergan zur **Buschenschank Hütter** (380 m) ③. Im Blickfeld liegt die Siedlung „Waltra", 390 m.

Die Gehrichtung leitet jedoch zum sogenannten „Seidlkeller" und zum Weinhof Pfeifer. Oberhalb steht die **Schemming-Kapelle** (445 m) ④. Schon bis hierher können bis zu zwei Stunden Unterwegszeit vergehen: Am „Weinweg der Sinne" ist durchgängig schnelles Gehtempo fehl am Platz. Auch der Text auf der

Infotafel „Schulweg" mag gelesen werden; Wissen zur Historie objektiviert Wahrnehmungen zur Gegenwart.

Und zu landläufiger, lustiger Stimmung: Im Garten des Wohnobjekts „Hochstraden 31" wirkt ein Traktor-Gebilde als Windrad. Im Gemeindeteil Globitsch stoßen die beiden „Weinweg"-Abschnitte aneinander. Folglich nutzen wir den Infopunkt „Riede Forst und Oberstein" als **Wendepunkt** (450 m) ⑤.

Dank ausreichend Unterwegszeit vermögen wir den **Rückweg** in Muße wahrzunehmen. Am abwärts führenden Verbindungsweg schmücken Rosenstöcke jeweils Rebengassen. Nach Obstplantagen und dem „Obsthof Weiß" erreichen wir den ultimativen **Wegpunkt Über den Reben** (380 m) ⑥ – dessen Lage ist ein Coverbild wert, auch dank des umfassenden Blickes in Richtung St. Anna.

Gleichermaßen übersichtlich verläuft der „Weinweg": bergab in die Siedlung Plesch und zum Steg am **Pleschbach** (285 m) ⑦. Nun bergan zu einem Radbrunnen und entlang der Straße „Annaberg" in den Ortskern von **St. Anna am Aigen** (403 m) ①.

Von St. Anna am Aigen nordwestwärts, Richtung Hochstraden und Stradner Kogel, 609 m

[47] Ab Stainz bei Straden in den „Weg der Kunst"

Dieser private Rastplatz in Muggendorf zieht vieler Leute Blicke an

Am Hügelrand des Gleichenberger Tales bergan, bergab und rundherum

Auch diese Strecke gehört zum Wanderweg-System „Auf den Spuren der Vulkane": situiert halbwegs südlich von Bad Gleichenberg und ein wenig nördlich von Straden. Der Name „Weg der Kunst" ist Programm. Kunstfertigkeiten reflektieren ortstypische Lebensweise. Hinzu kommen, allerorten, jeweils gleichermaßen sympathische Begegnungen, beispielsweise im bodenständigen „Hofladen Hirschmann", im Atelier „Keramik & Eisen", zusätzlich bei Josef Tischler: Vater und Sohn stellen Edelbrände her und heimsen hohe Auszeichnungen ein.

Längst pflegen wir Autoren die Gewohnheit, auch auf Spaziergängen – folglich auch am „Weg der Kunst" – einen Rucksack mitzutragen: Womit gesichert bleibt, Ab-Hof-Produkte einkaufen zu können und diese in bequemer Weise mitzutragen. All diese Mitbringsel wirken nachhaltig.

Ausflugsgäste lernen den „Weg der Kunst" zwar auch als eine Meile der kulinarischen Art kennen. Freilich, in Verbindung mit naturnahen Erlebnispunkten. Die Eule, mit ihren Riesenaugen, weiß, woran sich Wandergäste gerne erinnern: auch an gemütliches Zusammensitzen in der „Buschenschank Dunst" … und an den Vorsatz, „beizeiten kommen wir wieder".

⏱ 3¼ Std. ◔ ca. 250 Hm 🥾 ca. 9,5 km (👟) (✖)

Ausgangsort: Stainz bei Straden, 255 m. Anfahrt: B 66 Gleichenberger Straße, aus Richtung Feldbach oder Halbenrain.

Ausgangspunkt: Info-Zentrum „Haus der Vulkane" (R: Mo), mit Verkaufsladen und Gasthaus „Stainzer Stube", Tel. +43 3473 75955.

Charakteristik: Naturboden, überwiegend Nebenstraßen. Die gesamte Strecke ist grundsätzlich auch im Winter nutzbar.

Einkehr: „Buschenschank Dunst" (R: Di), geöffnet März bis Anfang Dezember, allgemein ab 11 Uhr, an So + Fei ab 14 Uhr, Tel. +43 664 2241658.

Tipp 1: Atelier „Keramik & Eisen"; Besuche vereinbaren mit Marianne Grach, Tel. +43 3473 7919.

Tipp 2: „Edelbrände Tischler", Besuchszeit 9–18 Uhr (R: So); Josef Tischler, Tel. +43 3473 8678.

Tipp 3: „Motorsägen-Sammlung", pro Führung maximal 20 Personen; Franz Berghold, Tel. +43 3473 8288.

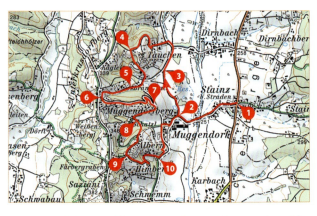

Die vermutlich algorythmisch errechnete Gehzeit „2.10 Std." – ablesbar an einer Wegtafel – wird von der effektiven „Unterwegszeit" stattlich überhöht: Dicht reihen sich Erlebnispunkte, Infopunkte, Rastpunkte.

In **Stainz bei Straden** (255 m) ① hilft das vor dem Haus der Vulkane situierte Heupferdchen – eine moderne, dynamische Skulptur – Gäste auf die Sprünge. Eine gelbe Pfeiltafel weist die Richtung zum „Weg der Kunst". In Gehrichtung tönen „Summsteine" nahe der Sulzbachbrücke. Etwas abseits steht der Blaurackenturm. Der Infopunkt „Wie die Welt scheint" ist Eugen Roth gewidmet.

In **Muggendorf** (255 m) ② gefällt uns die am schmucken Gehöft vulgo Scheibl aufgestellte Sitzgarnitur; diese aber steht auf privatem Grund und bleibt tabu für Außenstehende.

Grünland und Felder schmiegen sich wie Teppiche in die hügelige Landschaft nahe der **Tauchenrast** (255 m) ③. Bitte, wer rollte diese Riesen-Basaltkugel heran? Heimat-Literat Johann Scheucher hatte die Idee zu diesem massigen Schau-Stück und leitete die umfangreiche Überstellungsaktion: „Diese Vulkanbombe wiegt 15 Tonnen und stammt aus dem Basalt-Steinbruch von Hochstraden. Das Verladen und Transportieren glichen einer Herkulesarbeit …"

Ein paar Schritte weiter, am Rand einer Pappel-Allee, lesen wir nach: „Musik ist empfundene hörbare Mathematik." Klänge hallen nach. Die Wanderstrecke führt nunmehr entlang der Straße bergan. Erst ab dem **Wohnobjekt Luftköberl** (330 m) ④ leitet ein Pfad weiter, abwärts zur Loretto-Kapelle in Brandstatt.

Durstige Wandergäste werden am **Pferdehof Lechner** ⑤ (270 m) ermuntert, das Glöcklein zu läuten: Gleich naht „erste Hilfe". Auf die beiden Teiche und den stimmungsvollen Klangwald folgt der Höhenrücken in **Muggendorfberg** (330 m) ⑥. Am Kunstweg-Punkt Keramik & Eisen wirkt Marianne Grach ansehnlich; die Obfrau des Wegvereins führt Gäste jederzeit durch ihr im Grünen etabliertes Atelier und offeriert jede Menge Mitbringsel für Haus und Garten.

Sobald dem Uhu Leben eingehaucht, keimt Heiterkeit

Nahe daran duftet die Marke Edelbrände Tischler. Der fotogen adaptierte Schauraum birgt gleichermaßen hochprozentige wie hochwertige Produkte; diese wurden weit über hundert Male ausgezeichnet, darunter mit dem begehrten „Wieselburger Stamperl".

Ernüchternd wirkt: Ein Nachbar hat das Gehrecht widerrufen. Folglich müssen Wandergäste entlang der Straße abwärts gehen zur **Abzweigung** (280 m) ⑦. Der nächste Erlebnispunkt ist von hoher Gestalt und steht am Waldrand: eine **Riesen-Eule** (300 m) ⑧; sie strahlt eine stille Einladung aus zum Fotografieren. Erheiternd wirkt, wenn Köpfe – klick, klick – aus den Augenhöhlen der Eule hervorlugen.

Ein Waldweg leitet zu einer Ziegelgitter-Giebelfront, diese schmückt das Gehöft Absenger vulgo Wutschger. Daran schließt die von Franz Berghold eingerichtete Motorsägen-Sammlung, bestehend aus eintausend Exponaten; die ältesten Exponate stammen aus dem Jahr 1925. Zur Sammlung gehören auch zig Traktoren und, und, und … In der benachbarten **Buschenschank Dunst** (340 m) ⑨ wenden Gäste gern die Grundregel an: Wandern und Rasten – oder umgekehrt?

Wenig oberhalb, nach der Kreuzung, zirka 350 m, verläuft die Wanderstrecke abwärts, zuächst entlang eines Sikawild-Geheges. Rechter Hand steht ein Steintor; im Blickfeld liegt der Markt Straden. Die Straße dient als Wanderstrecke; diese leitet zum talnahen Waldrand. Beim **Wegkreuz** (255 m) ⑩ bahnt sich folgende Situation an: Erst nach einem (kurzen) Gegenanstieg, im Bereich einer aufgelassenen Baumschule, führt der „Weg der Kunst" in den Siedlungsraum, konkret zum **Hofladen Hirschmann in Muggendorf** (255 m) ②. Wir erschnuppern Einkaufslust, zusätzlich zielnahe Luft. Auf den Blaurackenturm und die Summsteine folgt das Haus der Vulkane in **Stainz bei Straden** (255 m) ①.

Dieses bodenständig geschmückte Wirtschaftsgebäude steht nächst dem Infopunkt „Tischler-Edelbrände"

[48] Der „Lebenskraftweg" um Straden

Diese drei der insgesamt vier Kirchen prägen die Silhouette von Straden, 376 m

Der „Steirische Früchtekorb" und seine Kontrapunkte

Gerühmt wird das auf dem Stradener Kirchberg situierte Ortsbild, dominiert von drei Kirchtürmen. Der erste Sakralbau datiert vor anno 1188. Den historisch bedingten Zwängen geschuldet, litt Straden bis in das Jahr 1945 wiederholt an Kriegsfolgen. Jene der Türkenkriege und ebenso jene des Zweiten Weltkriegs waren jeweils epochale Schadensereignisse. An diesen Kontrapunkten bemessen, gleicht das während nunmehr 75 Friedensjahren gewachsene Ortsbild einer Auferstehung.

In der Moderne, geprägt von der „Spaßgesellschaft", meiden deren Träger jedes Rückblenden zur Historie. Dennoch. Aus der Frage, woran jedem Einzelnen am meisten gelegen sei, kristallisieren sich konstant zwei Werte heraus: Gesundheit und Frieden. Beide Werte sichern Lebenskraft. Der um Straden führende „Lebenskraftweg" entstand aus einem anderen, leichter fassbaren Denkansatz, angelehnt an das lokale Prädikat „Steirischer Früchtekorb". Diese Ressource ist schmackhaft. Jedoch, darüber hinaus, suchen viele Menschen eine höhere Ebene, um Lebenskraft zu schöpfen. Wandern hilft. Erst recht der „Lebenskraftweg" in Straden.

SÜDLICHE OST-STEIERMARK • VULKANLAND UND THERMENLAND

🕐 3¼ Std.   ⛰ ca. 320 Hm   📏 ca. 9,5 km   👣 ❌

Ausgangsort: Straden, 376 m. Anfahrt: aus Richtung Feldbach über Bad Gleichenberg. Oder von der A 9 Pyhrnautobahn, Ausfahrt „Vogau", über Gosdorf und Deutsch Goritz.

Ausgangspunkt: Kirchplatz; Aussichtspunkt.

Charakteristik: Naturboden, Nebenstraßen. Die gesamte Strecke ist grundsätzlich auch im Winter nutzbar.

Einkehr: Imbissstube in „Urlmüllers Paradeiser-Paradies", mit „Laden im Bauernhof"; Familie Unger, Tel. +43 3473 8000; www.urlmuellers.at. „Dörfl-Stub'n" bzw. „Buschenschank Monschein" (R: Di, Mi); werktags ab 16 Uhr, sonn- und feiertags ab 15 Uhr; Alexandra, Tel. +43 664 1547296. Für Selbstversorger: Flaschenweinverkauf am Haus Fink; siehe Weinlaube ⑤.

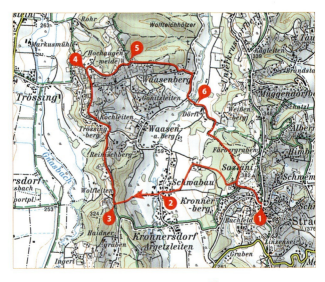

Auf dem **Kirchplatz in Straden** (376 m) ① verweben sich Einsichten und Aussichten, ebenso die Nähe sakraler Sphären und die Ferne zu nachbarschaftlichen Gefilden. Hier im Dorf stehen drei Kirchtürme, hingegen ostwärts zeichnen sich die Grenzen dreier anrainender Staaten ab: Österreich, Ungarn, Slowenien. Noch davor liegt die kleine Dreiländerecke (343 m): An diese grenzen Slowenien, das Burgenland und die Steiermark. Auch die physisch höhere Ebene kontrastiert: Im Westen limitiert der 2140 Meter hohe Große Speikkogel den Horizont; im Süden fällt,

Straden, 376 m, Blickrichtung westwärts

ob seiner Form, der 833 Meter hohe Donatiberg auf. Im Norden steht, ähnlich geformt, der 1445 Meter hohe Grazer Hausberg Nummer eins, der Schöckl. Wie klein scheint die Welt innerhalb von Augen-Blicken. Hingegen: Wie lang scheint der vor uns liegende „Lebenskraftweg" zu sein? – Bald erlangen wir Gewissheit.

Nahe der Bücherei bzw. Greißlerei de Merin schwenken wir westwärts ein, gehen in Richtung Saziani-Stub'n, Malerbetrieb Leitgeb und zum Waldrand. Der „Naturlehrpfad" ist identisch mit der uns genehmen Richtung, er führt abwärts durch Waldgelände, zum Hinweis „Hügelgräber". (Das Nachsuchen schien den Autoren als Liebhaberei.)

Der „Lebenskraftweg" leitet zum steingemauerten Wohnobjekt „künstler.zimmer" des Rupert Rauch (www.rauchsignale.com), im Talboden zur Siedlung Schwabau und von der örtlichen Kapelle, schnurstracks, zu **Urlmüllers Paradeiser-Paradies** (255 m) ②: Hofladen und Schaugarten sind im Sommer täglich geöffnet.

Zwar nützt uns der Hinweis „Hochaugenweide". Zunächst jedoch verläuft die Wegstrecke bergan: zum Aussichtspunkt auf der **Wolfleiten** (300 m) ③. Auf dem Höhenrücken Reinischberg, konkret an der Adresse „Waasen 19", wirbt eine schmucke Holztafel für den Weinhof Leber nahe Trössingberg. An der Kochleiten stehen fotogene Birken. Eine Sitzbank lädt Wandergäste ein zu ruhigem Ausschauen Richtung Stradner Kogel, erkennbar am Basalt-Steinbruch. Der „Lebenskraftweg" kulminiert auf der Kuppe der **Hochaugenweide** (379 m) ④; der darauf stehende Sender wirkt wie eine Landmarke.

Der anschließende **Abstieg** beflügelt unsere Schritte. Gern unterbrechen wir unseren Schritt im Anblick der bildschönen **Weinlaube** (340 m) ⑤ der ehemaligen Buschenschank Fink: Hier erstehen „Selbstversorger" Getränke und genießen ihren Umtrunk in der erwähnten Weinlaube. Oder will jemand auf der in einen Holzstoß penibel eingebauten Sitzbank rasten?

Vom Klapotetz am Waasenberg steigen wir ab zum Poppendorfer Bach. Im gleichnamigen Talboden erreichen wir die **Dörfl-Stub'n** (265 m) ⑥ bzw. die Buschenschank der Alexandra Monschein. Einkehren oder nicht einkehren? Die Frage stellt sich nicht; sofern die Buschenschank geöffnet hält, wird eingekehrt.

Vor uns liegt die letzte Bergwertung: Eine Wegtafel weist ein. Ihr zufolge dauert der bergwärts führende **Rückweg** 50 Minuten bis zum **Kirchplatz in Straden** (376 m) ①.

An der Kochleiten, Blickrichtung Poppental und Stradner Kogel, 609 m

[49] Ein Dreiklang: Tieschen, das „Tau" und der Weg der Riede

Der heilige Franziskus und, als Symbol des Kreuzes, der Buchstabe „T" (griechisch „tau") vor der Kirche in Tieschen

Lesen, Schauen, Schlendern: Köstlich erfrischend wirkt dieser Wein-Schaupfad

Wer das Dorf Tieschen durchstreift, dessen Blick bleibt haften an einem Edelrost-Monument, genannt „Franziskus mit dem Wolf", bezogen auf die Legende zu Franz von Assisi und den von ihm gezähmten Wolf von Gubbio.
Das Kunstwerk, es wiegt fünf Tonnen und ist nahe der Kirche situiert, wurde anno 2006 vom bolivianischen Metall-Künstler Fernando Crespo und Helfern aus Tieschen geschaffen. Die Idee zur Franziskus-Skulptur entstand infolge enger Beziehungen zwischen der Gemeinde Tieschen und dem Franziskaner-Orden. Die Wurzeln der Beziehung reichen in das Jahr 1898: Damals war der örtliche Klosterbau fertiggestellt worden. Der Wandel des Zeitgeistes ließ nur den Pfarrhof bestehen; dieser kann touristisch genutzt werden (www.himmlisch-urlauben.com).
An der Kirche, geweiht der Heiligen Dreifaltigkeit, ist das „Tau" als Kreuz-Symbol platziert. Weinbaumeister Robert Platzer erklärt folgenden Zusammenhang: „Überliefert ist, der heilige Franziskus habe mit dem im griechischen Alphabet 19. Buchstaben Tau (T) unterschrieben; dieser Buchstabe symbolisiert das Kreuzzeichen."
In Tieschen eint das „Tau" zwölf Winzer. Deren touristisch relevante Philosophie motiviert Hobby-Weinkenner, die Riede aus eigener Kraft zu durchstreifen.
Die installierten Infopunkte sind gleichermaßen ideenreich, sachkundig sowie aussagekräftig gestaltet. Aller Weinlagen Eigenschaften sind populär-wissenschaftlich beschrieben, die Bodenprofile auch dreidimensional dargestellt. An Rast- und Infopunkten ergänzen Bänke, Liegen, Tische, Flaschengucker bzw. Schein-Fernrohre das umfassende Ambiente. Der Wein-Schaupfad „Tau – Weg der Riede" ist würdig des Prädikats „künstlerisch wertvoll".

SÜDLICHE OST-STEIERMARK • VULKANLAND UND THERMENLAND

Im Uhrzeigersinn reihen sich die Weinhöfe Sorger, Gollenz, Ehrenfried-Bischof, Altenbacher, Pachler, Greifensteiner, Thurner-Seebacher, Gollmann, Platzer, Engel, Neubauer, Kolleritsch.

Die „Tau"-Winzer fassen ihre örtliche Ist-Situation folgend zusammen: „Tieschen ist eine der erfolgreichsten Weinbaugemeinden der Steiermark." Wer wünscht individuelle Fortsetzungen im Sinne dieses Themenweges? Kein Problem! Die Kellerwirtschaft – zur einschlägigen Wissenschaft „Önologie" gehörend – hat profunde Wurzeln, wahrnehmbar auch in den Sphären des Weinverkostens, begleitet vom sachkundigen Wissen ortsansässiger Weinproduzenten. So wirkt der Wein-Schaupfad „Tau – Weg der Riede" köstlich erfrischend nach.

 5 Std. ca. 390 Hm ca. 14 km

Talort: Tieschen, 265 m; www.tieschen.gv.at. Anfahrt: aus dem Raabtal, über Feldbach und Bad Gleichenberg. Oder aus dem Raum Murfeld bzw. Bad Radkersburg über Oberpurkla.

Ausgangspunkt: Kirche in Tieschen. Zufahrt: auch von Deutsch Haseldorf (Tour 50), St. Anna am Aigen (Tour 46) oder Klöch (Tour 51).

Charakteristik: Nebenstraßen, Naturboden. Die gesamte Strecke ist grundsätzlich auch im Winter nutzbar.

Einkehr: Buschenschank-Betriebe; Öffnungszeiten anfordern per E-Mail: gde@tieschen.gv.at.

Tipp 1: Kellerführungen am „Weinhof Platzer", in Pichla, Tel. +43 3475 2331; www.weinhof-platzer.at.

Tipp 2: Verkürzte Strecke: von Pichla, wahlweise von Kindsberg, direkt nach Tieschen; Gehzeit jeweils ca. 20 Min.

Tipp 3: Naturdenkmal „Basaltspalte von Tieschen" (Hinweise in der Natur); integrierbar in Spazier- oder Wanderstrecken.

Vom „Weg der Riede" Richtung Tieschen, 265 m, und Königsberg, 462 m

Hügelland Tour 49

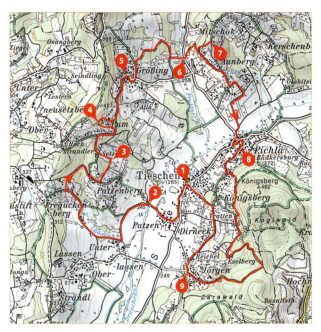

Zur Weinlesezeit am „Weg der Riede" in Tieschen

Im Gemeindebereich Tieschen stehen gelbe und silbergraue Pfeiltafeln. Die optische Divergenz gründet in einem einsamen Entschluss auf Landesebene. Der Weg der Riede bildet das Rückgrat im örtlichen Wanderweg-System. Dieses ist in das Vulkanland-Gesamtprojekt „Auf den Spuren der Vulkane" integriert.

Die Gehrichtung ab **Tieschen** (265 m) ① verläuft im Uhrzeigersinn, leitet folglich zur **Patzenbrücke** (245 m) ② und, allmählich ansteigend, zu dem am **Patzenberg** (365 m) ③ eingerichteten Infopunkt „Verwurzelt in Tieschen". Daran schließt, in ebenfalls erhöhter Lage, der **Ried Pum** (400 m) ④ samt dem Infopunkt „Qualität". Ab dem **Siedlungsbereich Größing**

(330 m) ⑤ verläuft der „Weg der Riede" allmählich bergab. Am **Fruttner Bach** (256 m) ⑥ überquert man die Brücke, geht erneut bergan und erreicht am **Ried Aunberg** (340 m) ⑦ den Infopunkt „Gemeinschaft". An dem, in bester Lage, massiv eingerichteten Rastplatz keimt erneut Lust zu individuellem Ausspannen und Ins-Land-Schauen.

Die anschließende Gehrichtung zielt südwärts, bergab, in das **Dorf Pichla** (272 m) ⑧. Der „Weg der Riede" führt ein drittes Mal bergan, konkret zum Ried Kindsberg und dem hier eingerichteten Infopunkt „Bodenständig". Daran schließt eine Wegschleife, durch nordseitiges Waldgelände, in die **Siedlung Jörgen** (270 m) ⑨.

Nun, in aussichtsreicher Lage, verbindet der Weg der Riede zum Weingut Kolleritsch, dem zugleich zwölften „Tau"-Winzer. Nahe daran liegt die **Ortsmitte von Tieschen** (265 m) ①.

Infotafel „Ried Aunberg", am TAU – Weg der Riede, nahe Pichla, 272 m

[50] Von Deutsch Haseldorf auf den Königsberg, 462 m

Vom Gasthof „Weinlandhof" in Richtung Königsberg

Historisch bedeutsam ist der höchste Berg im Klöcher Weinland

Auch der Königsberg ist das Relikt eines Vulkans. Die steilen Hänge wurden als Bollwerk wahrgenommen. Vor rund 6.000 Jahren ließen sich im breiten Gipfelbereich bäuerliche Einwanderer nieder; sie rodeten das Umland. In der späten Bronzezeit bzw. während der Urnenfelderzeit (9. Jh. v. Chr.) entstand im selben Bereich die landesweit größte befestigte Siedlung dieser Art. Bis in die Türken- und Kuruzzenzeit fanden Bewohner des Steintales Schutz auf dem Königsberg. Die im Gipfelbereich installierte „Chronik im Zeitraffer" hält auch ein Kapitel der Zeitgeschichte fest: Im Frühjahr 1945, kurz vor Ende des Zweiten Weltkriegs, war der Königsberg heftig umkämpft. Der Raum entlang des Grenz-Flüsschens Kutschenitza ist seit 1. Mai 2004 wortecht frei. Das für diesen Grenzraum typisch gewesene „Flair der Abgeschiedenheit" verebbte, seit in der Region „Steirisches Vulkanland" aller Boden aufbereitet ist für einen alle Sinne berührenden Tourismus. Beispielsweise nachfühlbar entlang dieses Weges: aus Weingärten „auf den Spuren der Vulkane" in den waldstillen, gleichermaßen historisch wie geologisch bedeutsamen Königsberg.

 1¼ Std. ca. 120 Hm ca. 3,5 km

Ausgangsort: Deutsch Haseldorf, 330 m. Anfahrt: über Klöch, Tieschen oder St. Anna am Aigen; siehe Tour 46.

Ausgangspunkt: Gasthof „Weinlandhof", 340 m (R: Mo), Familie Gangl, Tel. +43 3475 2860; www.wlh.at.

Charakteristik: Überwiegend Naturboden. Die gesamte Strecke ist grundsätzlich auch im Winter nutzbar.

SÜDLICHE OST-STEIERMARK • VULKANLAND UND THERMENLAND

Wenig oberhalb vom **Weinlandhof** (340 m) ① , am Rand der Landesstraße, ermöglicht eine **Plattform** (355 m) ② Überblick auf lokale Weinriede, zusätzlich weit darüber hinaus, Richtung Stradner Kogel, St. Anna am Aigen (samt der Dreiländerecke) sowie auf Teile des „Weges der Riede".

Auf diese umfassende Schau-Lust folgt Lust auf Bewegen aus eigener Kraft: Auf Höhe des Waldrandes, zirka 365 m, wo die Rebhänge des „Weinlandhofes" enden, weist eine gelbe Pfeiltafel in den „Wanderweg"; an ihm erreichen wir eine Weggabel. Das Stehrohr enthält nur neutrale Symbole.

Intuitiv zweigen wir bergwärts ab, gehen ab der nächsten Weggabel im Wald bergan. Am **Wegpunkt Angerwiese** (390 m) ③ erreichen wir einen breiten Fahrweg. Auf ihm vermögen Paare und Pärchen, Hand in Hand gehend, das Ziel erreichen: den ebenen Wald-Gipfel-Bereich auf dem **Königsberg** (462 m) ④. Willkommen am Rastplatz.

Aus dem Entspannen erwächst Neugierde, die Artefakte zu betrachten; dominant sind das „Friedenskreuz" (errichtet 2009)

Der Königsberg-Fahrweg, oberhalb des Wegpunktes „Angerwiese"

Hügelland — Tour 50

Blickrichtung Steintal, v.l.n.r. Deutsch Haseldorf, Pichla, Tieschen, Königsberg, 462 m

und das „Grenzland-Denkmal". Die anno 2014 in eine Kupfertafel geschriebene Historie, „Der Königsberg", erhöht den Mehrwert dieses Ausfluges.

Als **Rückweg** dient uns die gleiche Strecke: einfach abwärts zum **Weinlandhof** (340 m) ①. Oder vielleicht nur bis auf Höhe der Plattform? Denn auch ab hier lässt sich der nördliche Abschnitt des „Trainerweges" anfügen; siehe Tour 51.

Wegpunkt „Grenzland-Denkmal" auf dem Königsberg, 462 m

SÜDLICHE OST-STEIERMARK • VULKANLAND UND THERMENLAND

[51] Klöcher „Traminerweg"

Das Weinbaugebiet am Klöchberg, zirka 380 m

Aus eins mach zwei, dennoch verbleibt jeweils eine Rundstrecke

Bei dieser Tour konzentrieren wir uns auf den Gemeindebereich Klöch: Der „Traminerweg" – bergan und bergab, und mehrere Male so fort – widerspiegelt große Vielfalt auf verhältnismäßig kleinem Raum.
Nachhaltig Sinn macht, am „Traminerweg" dessen beide offiziellen Abschnitte zeitlich getrennt zu begehen, folglich ohne Leistungsdruck, dafür in entspannender Weise. Freilich, wer solch eine Teilung unterfordernd fühlt, mag gern die Gesamtstrecke in einem Stück zurücklegen. Aber auch eine dritte, zugleich sportive Möglichkeit lässt sich umsetzen, indem man den Ausflug am Königsberg (Tour 50) mit dem Traminerweg-Abschnitt „über den Hochwarth" kombiniert; auch diese Empfehlung gründet in eigener Erfahrung der Autoren. Welcher der beiden Traminerweg-Abschnitte der schönere sei? Beide gleichen „zwei-eiigen Zwillingen", folglich hat jeder Abschnitt einen speziellen Charakter.
Im Zarawald stoßen der Traminerweg-Abschnitt „über den Seindl" und der zum TAU-Projekt gehörende „Weg der Riede" (Tour 49) erfühlbar aneinander. Auch an dieser Situationsnähe beweist sich, dass das Wanderwegenetz die beiden Gemeinden Tieschen und Klöch wertfrei zusammenhält.

Hügelland — Tour 51

 5½ Std. ca. 400 Hm ca. 13,5 km

Ausgangsort: Klöch, 291 m. Anfahrt: aus dem Raabtal über Feldbach, Bad Gleichenberg. Oder von der A 9 Pyhrnautobahn, Ausfahrt „Vogau", über Halbenrain.

Ausgangspunkt: Infopunkt vor der Kirche. Zufahrt: auch von Bad Radkersburg oder Deutsch Haselderf (siehe Tour 50).

Einkehr: Buschenschenken, Gasthöfe; www.urlauburlaub.at; Infos Tel. +43 3475 5070; www.kloech.com; „Vinothek", Tel. +43 3475 2097.

Charakteristik: Hofzufahrten, Naturboden, Nebenstraßen. Die gesamte Strecke ist grundsätzlich auch im Winter nutzbar.

Tipp 1: Die Strecke teilen; die beiden Weghälften, „über den Hochwarth" und „über den Seindl", sind ungefähr gleich lang; Gehzeit jeweils ca. 2¾ Std.

Tipp 2: Auf der Burgruine Klöch der „Klöcher Kultursommer".

Tipp 3: Bauernmarkt in Klöch; April bis Oktober, freitags 16–18 Uhr.

Klöcher Traminerweg, nördlicher Abschnitt: „Über den Hochwarth"

Ab der Kirche in **Klöch** (291 m) ① spazieren wir zum Park am Klausenbach, erfrischen unsere Füße entlang des „Kaltwasser-Fußweges" und folgen den Hinweisen Richtung Ölberg. Zwischen Weingärten und Wiesenstreifen stehen eine historische „Baumpresse" und das **Alte Kellerstöckl** (320 m) ②. Dessen Keller ist für Selbstbedienung eingerichtet, das Ambiente wirkt einladend: ein Grund mehr zum Anstoßen auf all jene, die den Traminerweg anlegten und betreuen.

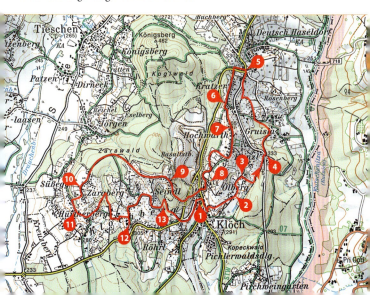

Ab dem **Wegpunkt Klinzl** (340 m) ③ reihen sich abwärts Weingärten und ein Klapotetz. Im Grabengrund verbindet die Klinzlbachbrücke in den Kopeckwald. Daraus führt ein Fahrweg bergan zum Hinweis „Engelsplatz" (dieser liegt abseits) und zur **Kreuzung in Gruisla** (333 m) ④. Aus der Straßenkurve gehen wir bergab zu einem Rastplatz, identisch mit dem Wegpunkt „Keltischer Ritualplatz". Wer fühlt daraus? Wer glaubt daran? Wir schlendern abwärts, gehen erneut bergan.

Das uns begleitende Weg-Thema, „Verschmelzung Mensch & Landschaft", erläutert auch Kriterien zum Weinbau: Traubenwickler, Rebzikaden und die Reblaus zählen zu den tierischen Schaderregern. Tafeltexte nennen Rebsorten zu Weißweinen und Rotweinen, voran Welschriesling und Zweigelt. Monumental wirkt das Weingut Frühwirth inmitten gelassen reifender Trauben.

35 m hoch ist der Turm der Burgruine Klöch

Augen-Blicke später erreichen wir den gutbürgerlich eingerichteten **Weinlandhof** ⑤ (340 m). In „geerdeter Umgebung" fühlen wir uns wohl, pausieren angemessen und freuen uns auf den …

Rückweg: Auch die an der Landesstraße situierte Plattform ist in der Tour 50 erwähnt, verbunden mit dem Tipp, ab diesem Bereich dem „Traminerweg" zu folgen: In unserer Gehrichtung – gegen den Uhrzeiger – kommen wir zum Wegpunkt Kratzer; ein Text erläutert die „Rebveredelung anno dazumal". Aktuell gilt, das Rebveredeln ist nachgefragt, bringt den während der Winterzeit fleißigen Händen Geld.

Auch das Atelier Guttmann weckt in Wandergästen Interesse an Land und Leuten. Das Blickfeld, ostwärts, reicht über das Kutschenitztal weit hinaus, Richtung Übermurgebiet (slow. Prekmurje): Nahe aneinander liegen zwei unterschiedliche Länder, Sprachen und Kulturen. Hinzu passt, wie gerufen, der Wegpunkt „Auf, zu neuen Ufern". Wir sind auf Höhe der **Weinberg-**

wiese (380 m) ⑥, nehmen westwärts den Königsberg wahr, hingegen nordostwärts und entfernt die Dreiländerecke.

Der Hinweis „Ferienwohnungen Fröhlich" stimuliert uns: Nach dem Wegpunkt Traminersteig stehen wir, nur zwei Gehminuten später, auf der Plattform von **Hochwarth** (405 m) ⑦, zugleich auf dem Scheitelpunkt dieses Weg-Abschnittes. Einige der umgebenden Berge und Orte sind auf den Panoramatafeln namentlich genannt, jeweils samt Seehöhen und Entfernungen, beispielsweise Rosenberg, 300 m/1,0 km; Murska Sobota, 190 m/20,5 km; Stadelberg, 417 m/8,9 km; Deutsch Haseldorf, 330 m/1,5 km; Kalnik, 643 m/74 km.

Am „Traminerweg" wechseln Gehen, Schauen, Genießen beständig: Neugierde weckt der Klapotetz der Buschenschank Wonisch. Nomen est omen: Am Hotel Garni Schöne Aussichten erfühlen wir – bei Kuchen, Kaffee und Wein – eine Oase des Weingutes Müller. Das uns begleitende Weg-Thema, „Verschmelzung Mensch & Landschaft", wirkt auf unterschiedlichen Ebenen und auch populär-wissenschaftlich unterlegt, beispielsweise in Zusammenhang mit Erläuterungen zur „Ampelographie" (Rebsortenkunde).

Auf Ernsthaftigkeit folgt Schmunzeln: am Pemmerlweg. Auf dessen Naturboden steigen wir ab. Texte erläutern zum Barbaraplatz, jeweils ein paar Schritte weiter, ebenso zur „Alten Eiche",

An der Buschenschank „Wonisch" in Hochwarth, 405 m

SÜDLICHE OST-STEIERMARK • VULKANLAND UND THERMENLAND

Vom Turm der Burgruine Klöch Richtung Hochwarth, 405 m

zum „Basalt des Klöcher Massivs" und – wir stehen davor – zur **Burgruine Klöch** (330 m) ⑧; diese ist geöffnet von Ostern bis zum ersten November, jeweils ab Mittag bis 18 Uhr. Auf dem historischen Turm muss man gestanden haben: Respektvoll bestaunen wir das Kulturland.

Unser nächster Halt erfolgt im **Weindorf Klöch** (291 m) ①. Hier schließt der westliche Abschnitt des „Traminerweges" an.

Klöcher Traminerweg, westlicher Abschnitt: „Über den Seindl"

Aus der vorher zurückgelegten Weghälfte pulst in uns Erfahrung: Der „Traminerweg" will erlebt werden, verstärkt aus oftmals Halten, Lesen, Schauen, Erkennen. Möge jeder Einzelne auf seine Art erwartungsvoll sein.

In **Klöch** (291 m) ① orientieren wir uns an der Kirche; nahe daran ist ein potenzieller Infopunkt installiert. Die Gehrichtung weist gegen den Uhrzeiger. Das Weg-Thema heißt „Verschmelzung Mensch & Landschaft". Tafeln, Täfelchen, Texte, Widmungen sowie Wegzeichen sonder Farben, Formen und Größen wirken ineinander und nebeneinader. Nahe am Weganfang warnt die Aufschrift „Achtung! Bei Nässe Rutschgefahr!" Wir wissen, dass Wegerhalter latent Haftungen ausgesetzt sind. Schon oberhalb derselben Hangtreppe lesen wir zu „Leichtigkeit und Lebensfreude". Nach ersten Weingärten nutzen wir den Bewusstseinsplatz, komponiert aus einer Rastbank und ein paar festgeschriebenen ethischen Gedanken. Auf das Wohnobjekt

„Klöchberg 128" folgt am **Seindl** (424 m) ⑨ der interessant beschriebene Wegpunkt „Wetterschirm". Schließlich erreichen wir den Wegpunkt Traminer; der Name dieser Weinsorte wurzelt in Südtirol.

Am Wegpunkt „Ins Land einischauen" vermögen wir fern sehen und nah sehen, unterstützt von Panoramatafeln; denen entnehmen wir vertraute Namen: Koralpe, Pum, Stubalpe, Straden … und zig Berg- und Ortsnamen mehr.

Kurz danach nähern wir uns einer Weinlaube; darin ist ein Rastplatz eingerichtet. Auf den „Meditationsplatz" folgen am **Zaraberg** (370 m) ⑩ der „Herzplatz" sowie das Gästehaus Hackl und ein Pestkeuz. Unterhalb leitet die sogenannte „halige Stiege", konkret ein Hangtreppchen, abwärts. An der Buschenschank Schuster lockt die Aufschrift „Zur Aussichtswarte" auf eine Terrasse. Der **Ried Hürtherberg** (315 m) ⑪ schmiegt sich sonnseitig Richtung Klöchberg.

Schattseitig liegt der nächste Wegpunkt: der Petern-Steinbruch; darin steht ein historischer Schlitten. Texte lassen erahnen, wie Zeiten einst gewesen. Am Klöchberg reihen sich Weingärten, Gaststätten und zig sonstige Haltepunkte. Klug handelt, wer beispielsweise am **Haus Serbeth** (310 m) ⑫ den Traminer „Leo" verkostet. Nach dem Wegpunkt „Wahrheit und Klarheit" queren wir im Pfarrwald den **Muschkagraben** (370 m) ⑬. Am Wegpunkt „Fünf Elemente" verheißt der ethisch unterlegte Text „eine fruchtbare Ebene".

Blickrichtung Ölberg, 380 m. Foto-Standort auf dem Turm der Burgruine Klöch.

Schritte weiter, an der Umfahrungsstraße, schauen wir in den vom Klausenbach durchzogenen Talboden. Die Verheißung der „Fünf Elemente" erfüllt sich im Augen-Blick: Vor uns liegt das **Weindorf Klöch** (391 m) ①.

[52] „Wein- und Turmweg" in St. Peter am Ottersbach

Diese Art „Bogenerziehung" ist eine Grundlage für hohe Weinqualität

Ins Land schauen wie vom Kelchrand eines Sektglases

Aus unterschiedlichen Perspektiven gewonnene Eindrücke wirken nachhaltig. Der „Wein- und Turmweg" erweitert Ausflugsgästen wortecht den Horizont, konkret dank der „Weinwarte". Ingenieur Pius Wörle (Graz) erinnert sich zur Formgebung: „Entstanden ist die Idee, ein Sektglas nachzubilden …"
Die derart schlank geformte Aussichtswarte – sie dominiert den Höhenrücken von Perbersdorfberg – wurde anno 2004, innerhalb von vier Wochen, errichtet. 140 Stufen führen zur gedeckten Plattform, auskragend 25 Meter über dem Boden. Die entlang der Plattform-Brüstung montierten Panoramatafeln erklären Berg- und Ortsnamen sonder Zahl.
Die Entfernungen betragen Richtung Graz 42 km, Kitzeck 26,2 km, Mureck 12 km, Riegersburg 24,5 km, Schöckl 48,3 km, Wien 150 km. Auch schwingt ein Hauch Europa mit: In Luftlinie ist Athen 1696 km, Berlin 798 km, Helsinki 1851 km, Kopenhagen 1235 km entfernt. Nach so viel weitem Horizont auf dem Turm stehen wir gern wieder auf festem Boden, setzen unseren Ausflug fort in Weinland-Umgebung.

Hügelland · **Tour 52**

 2½ Std. ca. 240 Hm ca. 8 km

Ausgangsort: St. Peter am Ottersbach, 271 m. Anfahrt: von der A 9 Pyhrnautobahn, Ausfahrt „Vogau", über Weinburg am Saßbach. Oder aus dem Raabtal nahe Feldbach, z.B. über Gnas.

Ausgangspunkt: Wegtafel am Prof.-Fred-Strohmeier-Weg, nächst der „Freizeitanlage".

Charakteristik: Am Kalvarienberg Naturboden, anschließend überwiegend Nebenstraßen. Die gesamte Strecke ist grundsätzlich auch im Winter nutzbar.

Einkehr: Wirtshaus „Zum Bergler-Schlössl" (R: Di, Mi; donnerstags bis 16 Uhr), Tel. +43 3477 2018; www.bergler-schloessl.com. „Buschenschank Haid", Tel. +43 664 5102035.

Tipp: Am „Weinhof Rauch" Führungen, Weinfeste; www.weinhof-rauch.at.

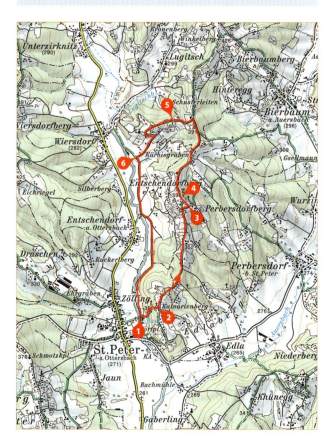

Ab dem Gasthof „Zum Bergler-Schlößl" leitet ein Fußweg zur Weinwarte

Am Infopunkt der **Freizeitanlage** (265 m) ① weisen Wegtafeln die Gehrichtung, beginnend an der ersten Kreuzweg-Station. Die vom **Kalvarienberg** (360 m) ② nordwärts führende Straße – sie dient als Rad- und Wanderstrecke – leitet entlang eines Höhenrückens. Dieser ermöglicht umfassende Ausblicke, insbesondere westwärts, Richtung Ottersbachtal.

Streuobstwiesen und kleinstrukturierte Landwirtschaft prägen das Kulturland. Dieselbe Straße erschließt den stattlichen Weinhof Rauch. Allmählich rücken Wohnobjekte des Siedlungsbereichs Perbersdorfberg näher. Für einen Moment erweckt das an einer holzbraunen Giebelwand platzierte „Insekten-Hotel"

Löwenzahnwiese, nahe Weinhof Rauch, Perbersdorfberg

unsere Aufmerksamkeit. Gegenüber dem Wegkreuz, genannt „Gschurerkreuz", stoßen wir an die ersehnte Gaststätte, das **Bergler-Schlössl** (370 m) ③. Dessen Lage scheint gleichermaßen schön wie erholsam.

Bergwärts schlängelt sich ein Fußweg zur **Weinwarte** (398 m) ④. Die 140 Stufen zu deren Plattform leiten zugleich zum Höhepunkt dieses Wanderausflugs.

Mit dem **Rückweg** schließen wir die Schleife der Wanderstrecke. Die Höhenstraße führt durch die Siedlung Entschendorfberg. Die Aufschrift „Stor" erinnert an eine Gaststätte am ehemaligen Gehöft vulgo „Woazackerschuster" (Woaz = Mais). Ab hier führt die Wanderstrecke talwärts, zu einem Wegkreuz – und schon stehen wir an der Adresse „Wiersdorf 31", faktisch vor der **Buschenschank Haid** (360 m) ⑤.

Nach einem Abstecher zur Hofstätterkapelle (Baujahr 1865) steigen wir ab in das nahe **Ottersbachtal** (280 m) ⑥ und folgen dem Fahrweg zur **Freizeitanlage** (265 m) ①.

Streuobstgarten, nahe Kalvarienberg-Kapelle

SÜDLICHE OST-STEIERMARK · VULKANLAND UND THERMENLAND

[53] „Wein- und Mühlenweg" in St. Peter am Ottersbach

Von der Wetterlärche zum Höhenrücken von Unterrosenberg

Der Ortsname „Unterrosenberg" hält, was er verspricht: Harmonie

Der Höhenunterschied zwischen dem Ottersbachtal und den Weinrieden in Unterrosenberg ist relativ gering, wirkt jedoch anschaulich. Die Wanderstrecke verläuft gegen den Uhrzeiger, kurz und bündig bergan nach Mettersdorfberg, anschließend – bedeutend länger anhaltend – halbwegs eben und sachte bergab zurück nach St. Peter. Zwei Nebenstraßen ermöglichen, individuell, Abkürzungen in Richtung der „Wetterlärche". Insgesamt strahlt entlang der Wanderstrecke Harmonie ab, wie nicht anders zu erwarten aus einem solch schönen Ortsnamen, welcher Rosen und Berg verbindet.

2½ Std. ca. 130 Hm ca. 8 km

Talort: St. Peter am Ottersbach, 271 m. Anfahrt: siehe Tour 52.
Ausgangspunkt: Petersplatz, an der Kirche.
Charakteristik: Fahrwege, Naturboden, überwiegend Nebenstraßen. Die gesamte Strecke ist grundsätzlich auch im Winter nutzbar.
Einkehr: „Sepps Berglermühle"; Buschenschank geöffnet Fr–So + Fei, jeweils nachmittags, Tel. +43 676 7258627; www.berglermuehle.com.
Tipp 1: Spaziergang am „Wein- und Mühlenweg", ab der Freizeitanlage (Wegweiser) entlang des Ottersbaches zum Gasthof „Ottersbachmühle" in Wittmannsdorf, 2,4 km, Gehzeit 35 Min. Auf der gleichen Strecke zurück oder wie Tipp 2.
Tipp 2: Aus Wittmannsdorf zur Strecke der Wandertour; über „Weingut Ploder" und „Sepps Berglermühle" nach St. Peter am Ottersbach; Gehzeit 1¼ Std.

Hügelland — Tour 53

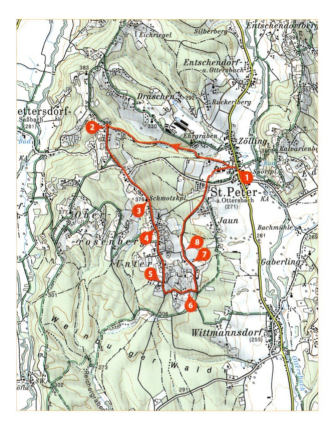

Von St. Peter am Ottersbach in Gehrichtung Unterrosenberg

Nach der Kirche in **St. Peter am Ottersbach** (271 m) ② und dem Petersplatz verbindet vom Kindergarten ein Fahrweg, Richtung Friedhofkapelle, in den Ehrgraben. Darin leitet der „Waldlehrpfad" zu Fischteichen und durch Waldgelände, bergan, zum Höhenrücken **Mettersdorfberg** (396 m) ②.

St. Peter am Ottersbach, Petersplatz, Klapotetz

Nun gehen wir südwärts: Nahe am Sender ist ein Lama-Gehege eingerichtet. Bei einem Wegkreuz überquert man die Landesstraße. Auf dem Höhenrücken des St. Peterer Gemeindebereichs „Unterrosenbeg" reihen sich merkenswerte Einheiten: Die Gärtnerei Hödl (Tel. +43 3477-2359) hat täglich geöffnet. Nahe daran steht die erheblich große **Schwotz-Kapelle** (376 m) ③. Südlich davon ist ein frei zugänglicher **Rosengarten** (360 m) ④ eingerichtet. Das **Gehöft Liebmann** (340 m) ⑤ vulgo Holzjogl offeriert „Urlaub am Bauernhof" (Tel. +43 3477 2327) und strahlt allzeitlich Gastfreundlichkeit ab.

Der Ferien-Bauernhof Liebmann vulgo Holzjogl in Unterrosenberg

Hügelland — Tour 53

Seit über 100 Jahren wird in „Sepps Berglermühle" hauseigenes Mehl hergestellt

Sozusagen eine Etage unterhalb vom Liebmann ist das **Weingut Ploder** (310 m) ⑥ etabliert, siehe www.ploder-rosenberg.at. Dieses beliefert auch den „Stadtbauernladen" in Graz; Einzelheiten unter www.stadtbauernladen.com.

Auf ungefähr halber Höhe zwischen dem Ottersbachtal und dem Unterrosenberger Höhenrücken führt die Wanderstrecke zu **Sepps Berglermühle** (310 m) ⑦. Ein ansehnlicher Wiesengrund umgibt das historisch gewachsene Buschenschank-Ensemble; dazu gehört auch die anno 1914 gebaute Mühle. Darin wird nach wie vor hauseigenes Mehl hergestellt. Auf Vereinbarung kann die Mühle besichtigt werden.

Das abschließende Wegstück verläuft zur stattlich-fotogenen **Wetterlärche** (320 m) ⑧ – nächst deren Stamm steht ein Wegkreuz, genannt „Trennerkreuz" – und entlang der Straße ortswärts. Aus der Kreuzung an der Landesstraße verbindet ein Flurweg zur Schule. Nahe davon liegt der Petersplatz, inmitten **St. Peter am Ottersbach** (271 m) ①.

SÜDLICHE OST-STEIERMARK • VULKANLAND UND THERMENLAND

[54] Bad Radkersburg, Parktherme und Au-Rundweg

Inmitten der Stadt Bad Radkersburg steht deren Rathausturm

Die „Antenne" war Namensgeberin für diese Flusslandschaft

Sinnhaft ist, sich rechtzeitig einen Überblick zu verschaffen – vorzugsweise in der „Antenne-Flusslandschaft" –, um zu einem späteren Zeitpunkt dieses südlich der Stadt Bad Radkersburg liegende Au-Gelände zusätzlich individuell zu durchstreifen. Die vier Jahreszeiten erhöhen den Erlebniswert.

Entdeckungsfreude keimt in jenen Gästen, welche den Sektor-Grenzstein IV-1 aufsuchen. Dieser steht an der südöstlichen Ecke des Bundeslandes Steiermark. Die Staatsgrenze Österreich/Slowenien verläuft inmitten der Mur; sie ist insgesamt 444 Kilometer lang, innerhalb Österreichs mit 348 Kilometern der zweitlängste Fluss des Landes.

Lohnend ist, über diesen Grenzraum hinauszudenken: Ab Bad Radkersburg fließt die Mur noch rund 100 Kilometer südostwärts, danach mündet sie, nahe am kroatischen Dorf Legrad, in die Drau. In deren Flussmitte verläuft die Staatsgrenze Kroatien/Ungarn.

Spannend wahrzunehmen: Dasselbe Mündungsgebiet gleicht einer Wasser-Urlandschaft. Auf gleicher Höhe liegt jeweils der Endpunkt des „Mur-Radweges" und des „Drau-Radweges" – zugleich ein nächstes Ziel zu alternativer Fortbewegung aus eigener Kraft.

Mur-Grenzraum — Tour 54

 3¼ Std. nicht nennenswert ca. 13 km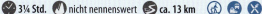

Ausgangsort: Stadt Bad Radkersburg, 208 m. Anfahrt: von der A 9 Pyhrnautobahn, Ausfahrt „Vogau", über Gosdorf und Mureck. Oder mit dem Zug bzw. mit der „Radkersburger Bahn".

Ausgangspunkt: Parkplatz an der „Parktherme". Zugang: vom Bahnhof Bad Radkersburg ca. 25 Min.

Charakteristik: Gehwege, Fahrwege, Naturboden, Nebenstraßen. Die gesamte Strecke ist grundsätzlich auch im Winter nutzbar.

Einkehr: In der Parktherme und im Stadtbereich.

Tipp 1: Stadtrundgang in Bad Radkersburg; Infos am Tourismusbüro.

Tipp 2: Spaziergang über die Staatsgrenze (A/SLO); aus Gornja Radgona bzw. Oberradkersburg zum gleichnamigen Schloss.

SÜDLICHE OST-STEIERMARK · VULKANLAND UND THERMENLAND

Vor der „Parktherme" in Bad Radkersburg

Wir beginnen unseren Ausflug im Nahbereich der **Parktherme** (208 m) ①: Auf Höhe des Hotels „Triest" stoßen die am Weitwanderstein festgeschriebenen Weitwanderwege Nr. 03 und Nr. 07 aneinander.

Wir jedoch bescheiden uns mit einem lokalen Spaziergang: Die uns ab der „Murpromenade" dienende Strecke verläuft fluss-

Bad Radkersburg

Schloss Oberradkersburg

abwärts. Reichhaltige Info-Stationen reflektieren den inneren Wert der „Antenne-Flusslandschaft".

Wir spazieren von der Station Nr. 7, „Die Mur im Wandel der Zeit", zum Zollamt und zur **Murbrücke** (211 m) ②. Wir unterqueren den stadtseitigen Brückenkopf nahe des Grenzsteins IV-40.

Anmerkung: An dieser Stelle verläuft die Staatsgrenze angeschriebene 56,8 Meter entfernt, konkret in der Flussmitte. Auf Höhe von Mitterling (Infotafel „Murufer") bestand bis 17. April 1945 eine Eisenbahnbrücke. Aktuell fordert die von Obmann Armin Klein geleitete Interessensgemeinschaft „Neue Radkersburger Bahn" (IG NRB) einen Lückenschluss zwischen den 2,85 Kilometer voneinander entfernten Bahnhöfen Bad Radkersburg und Gornja Radgona.

Danach erreichen wir ein Baum-Naturdenkmal, die Fluss-Kilometer-Marke 100, die Infostation Nr. 2, „Unbändig …", die plakative Beschreibung „Die Lahn" und schließlich den **Selenko-Teich** (205 m) ③.

„Das Ringen des Menschen mit dem Fluss" wird an der Station Nr. 3 beschrieben. An der **Drauchenbachbrücke** (203 m) ④, die man überquert, ist ein Rastplatz eingerichtet, zusätzlich die Station Nr. 4, „Im Dienste der Händler und Fischer". Wir folgen dem Hinweis „Mur-Aufweitung Laafeld", nehmen auf Höhe des Grenzsteins IV-10 die „Mur-Aufweitung Sicheldorf" wahr und finden im urigen, ufernahen Augelände den Sektor-Grenzstein

IV-1; die Staatsgrenze datiert vom 10. September 1919. Derselbe Grenzstein dient uns als **Wendepunkt** (200 m) ⑤.

Der **Rückweg** erfolgt auf gleicher Strecke zur **Drauchenbachbrücke** (203 m) ④, von hier – den Drauchenbach aufwärts – zur Infostation Nr. 5, „Die Kräfte des Wassers". Nach der **Furt** (204 m) ⑥ erreichen wir einen Dammweg. Am **Naturschutzteich** (205 m) ⑦ sind eine Aussichtsplattform und die Station Nr. 6, „Wiederentdeckte Wertschätzung", installiert. Ein Tafeltext informiert zum „Naturschutzgebiet Laafelder Teich".

Im parkähnlichen Augelände leitet der „Wasserweg" zur Infostation Nr. 1, „Die Mur im Wandel der Zeit", nahe der **Sportanlage** (207 m) ⑧ in Mitterling. Unsere Rundstrecke schließt allmählich; sie führt vom Objekt „Bezirkskammer für Land- und Forstwirtschaft" zur **Murbrücke** (211 m) ② und geht in Richtung **Parktherme** (208 m) ①, dem Aushängeschild der Stadt Bad Radkersburg.

Wintersonne – Mitte Jänner – umschmeichelt den Selenko-Teich

[55] Von Mureck – flussaufwärts – nach Spielfeld

Die Murecker Schiffsmühle wurde anno 1997 originalgetreu gebaut und nach Bartholomäus Lorber benannt

Bärlauch, Schneeglöckchen und ein kurzweiliger Uferweg

Die Wandersaison entlang des Mur-Uferweges, Mureck–Spielfeld, beginnt, sobald die Köpfchen erster Frühlingsboten hervorlugen – und dieser Zeitpunkt bahnt sich, mehr und mehr, oft bereits im Februar an. Die nächste „Wanderwelle" schwappt über denselben Mur-Uferweg, wenn sattes Bärlauch-Grün den Boden des Augeländes bedeckt. Dann sammeln fleißige Hände Bärlauchblätter und verarbeiten diese, nach Hausrezepten, zu „Bärlauch-Pesto". Insgesamt ähnelt die Wanderstrecke einer Art „Schmankerl-Meile", dominiert von den Erlebnispunkten „Schiffsmühle" und „Murfähre" (jeweils samt Gaststätte). In Gersdorf klingt die Wanderung nach Buschenschank-Brauch aus: open end. Der fußläufige Endpunkt liegt in Sichtweite. Die Komposition dieses Ausfluges findet hohen Anklang dank der „Wander-Qualität" im Grenzraum entlang der Mur.

Dennoch. Über demselben Grenzraum entlang der Mur schwebt ein Damoklesschwert der besonderen Art: Auf der Radkersburger Bahn scheint der Fortbestand planmäßigen Betriebes nicht gesichert. Jedenfalls gibt es derzeit keine politisch relevante Handschlag-Qualität. Umso mehr engagiert sich die „Interessensgemeinschaft Neue Radkersburger Bahn" (IG NRB) unter ihrem Obmann Armin Klein für einen dauerhaft gesicherten Eisenbahnbetrieb auf der Strecke Spielfeld-Straß–Bad Radkersburg. Mit ihrem breit gefächerten Engagement – beispielsweise mit Sonderzügen – setzt die IG NRB auf öffentliche Wahrnehmung.

Zusätzlich engagiert sich dieselbe IG für die Wiederherstellung eines grenzüberschreitenden Eisenbahnverkehrs zwischen den Bahnhöfen Bad Radkersburg und Gornja Radgona (Oberradkersburg). Seit 75 Jahren – konkret seit dem 17. April 1945, als von zurückziehenden deutschen Truppen

die Radkersburger Eisenbahnbrücke gesprengt wurde – klafft jene markante Schienenstrang-Lücke zwischen Österreich und Slowenien.
Der erforderliche Lückenschluss ist eine permanente aufrechte Forderung. Jedenfalls sind Ausflüge mit der Radkersburger Bahn informelle „Bausteine", die dazu beitragen, dass im Mur-Grenzraum die Bahnstrecke erhalten bleibt.

 4½ Std. ca. 30 Hm ca. 14,5 km

Park and Ride: Bahnhof Spielfeld-Straß. Anfahrt: A 9 Pyhrnautobahn, Ausfahrt „Spielfeld".

Ausgangspunkt: Bahnhof Mureck, 237 m. Zufahrt: mit dem Zug bzw. mit der „Radkersburger Bahn".

Endpunkt: Bahnhof Spielfeld-Straß, 265 m.

Charakteristik: Gehwege, Fahrwege, Flurstraßen, Naturboden. Die gesamte Strecke ist grundsätzlich auch im Winter nutzbar.

Einkehr: „Mühlenhof", Restaurant, Tel. +43 3472 2952. „Murhütt'n", Jausenstation (R: Mo). „Schoberhof", Buschenschank, Tel. +43 3453 2689.

Tipp 1: Stadtrundgang in Mureck; Gäste-Info, Tel. +43 3472 3459.

Tipp 2: Überfahrt mit der Murfähre, Weitersfeld–Sladki vrh (= Süßenberg) und zurück; Höchstbelastung „30 Personen oder 7 Stück Großvieh" (Zitat).

Relativ kurz dauert der Übergang aus dem Kulturraum in den Naturraum. Jedoch stimmungsreiche Eindrücke vermittelt der Zugang ab dem **Bahnhof Mureck** (237 m) ① in die Stadtmitte und aus dem Durchlass im Rathaus zum Bad und zur Gaststätte „Mühlenhof" an der **Schiffsmühle** (235 m) ②. Daran schließt der Au-Erlebnisweg, ein Themenweg. Er enthält illustrierte Be-

Die Murfähre (slowenisch Brod na Muri) verbindet Weitersfeld und Süßenberg (Sladki vrh)

Am Auwaldweg an der Mur

schreibungen, auch Sandsteingebilde, ähnelnd Panzern von Riesenschildkröten. Die Wanderstrecke verläuft insgesamt am orographisch linken Ufer der Mur flussaufwärts, mehr oder weniger nahe am Wasser.

Alsbald nach dem Wegkreuz an der **Schwarzaubachbrücke** (240 m) ③ erreicht man den Flussbau-Bereich „Aufweitung Weitersfeld"; daran liegt ein Infopunkt zum Flussbau-Projekt „Mehr Raum für die Mur". Einen Augen-Blick danach erreicht man die an der **Murfähre** (240 m) ④ situierte Gaststätte, genannt „Murhütt'n". Am Zugang zur Fähre steht der

Öffentliches Interesse: „Die Radkersburger Bahn muss in Betrieb bleiben."

SÜDLICHE OST-STEIERMARK · VULKANLAND UND THERMENLAND

Rathaus Mureck

Sektor-Grenzstein VII-1 (ein Abstecher an das slowenische Mur-Ufer lohnt; siehe Tipp 2). Im zweiten Streckenteil erreicht man zunächst einen Mühlgangsteg. Eine Rastbank steht nächst des Grenzsteins VII-21. Auf Höhe des Fluss-Kilometers 128 und des Grenzsteins VII-33 fällt ein Meilenstein auf; dieser enthält u.a. den Eintrag „VON GRAETZ … NACH WIEN … NACH TRIEST". Der nächste Mur-Infopunkt beschreibt „Genuss am Fluss". Anschließend nimmt man die „Aufweitung Oberschwarza" wahr; Bäume festigen ein zungenschmales Fluss-Inselchen.

Nahe der **Wisiakmühle** ⑤ (245 m) informieren Texte, Bilder, Grafiken allgemein zum

Die Mur-Aufweitung „Oberschwarza", nahe der Wisiakmühle

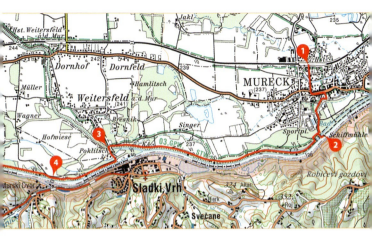

Europa-Projekt „Natura 2000", jedoch speziell zur „Steirischen Grenzmur" samt Gamlitzbach und Gnasbach. Am Grenzpunkt VII-44 verbindet an das slowenische Mur-Ufer ein aufgelassenes Flusswehr; über dieses bzw. ab dem Sektor-Grenzstein VIII-1 verläuft die Staatsgrenze.

Das Augelände liegt zurück. Stattdessen breitet sich Kulturland; Mohnblumen schmücken Getreidefelder. Während nächster Schritte – die Wanderstrecke unterquert die A 9 „Pyhrn-Autobahn" – quillt Lärm … und verebbt. Ein Hinweis ermuntert zu einem Umweg, und dieser lohnt: In **Gersdorf** (250 m) ⑥ kehren Wandergäste – noch mehr Radfahrer – in jeder der beiden Buschenschenken gerne zu.

Der Schluss-Akkord ist kurz und bündig: Die finalen Schritte führen über die Spielfelder Murbrücke direkt zum **Bahnhof Spielfeld-Straß** (265 m) ⑦.

~

Dennoch. Unser Streifzug durch die Ost-Steiermark ist nicht zu Ende: Ziele sonder Zahl liegen brach. Gewiss, auch diese werden wir, wortecht schrittweise, aufsuchen – angeregt aus den in diesem Druckwerk vorgestellten 55 Wandertouren … zwischen dem östlichen Steirischen Randgebirge Hochwechsel und dem Steirischen Vulkanland.

Stichwortregister (jeweils mit Tourennummer)

Aussichtswarten (Auswahl)

Auffen, Aussichtsturm 25
Burgauberg, Aussichtsplattform 27
Deutsch Haseldorf, Aussichtsplattform 50, 51
Edelweißwarte, Aussichtswarte 44
Enzianwarte, Aussichtswarte 44
Haidenwald, Aussichtsturm 11
Hochwarth, Aussichtsplattform 51
Ringwarte, Aussichtsturm 12
Weinwarte, Aussichtsturm 52
Wildwiesen, Aussichtsturm 8

Buschenschanken (Auswahl)

Bauer 38
Berglermühle 53
Bergstadl 26
Dunst 47
Fleck-Heuer 25
Gölles 36
Haid 52
Haubenwaller 11
Hütter 46
Knotz 30
Leitgeb 41, 43
Maurer 39
Mayer 34
Monschein 48
Puff 40
Schober 55
Schoberhof 55
Schuster 51
Sepps Berglermühle 53
Wonisch 51
Zum Kuruzzen 27
Zur Ingrid 33

Einkehrstätten (Auswahl)

Ackerwirt, Kulm 24
Almers Gasthaus Zur Rauchstube 15
Alois-Günther-Haus, Schutzhütte 3
Alpengasthof Schanz 4
Bachwirt, Gasthaus Prettenhofer 22
Backhendlstation Theissl 34
Bergler-Schlössl, Gasthof 51
Binderhansl, Landgasthof 42
Bleier, Gasthaus 27
Braunhof, Landhaus 14
Dorfwirtin, Kapfenstein 40
Dürntalwirt/Gasthof Graf-Reisinger 16, 17, 19
Goger, Gasthof 11
Goldsberghof, Gasthaus 11
Gratzlwirt, Gasthaus 33
Gremsl, Gasthof 11
Grenzlandhof, Gasthof 45, 46
Gruberwirt, Gasthof 28
Harter Teichschenke 25
Holzmeister, Gasthof 13
Kagerwirt, Gasthaus 9
Kapfenstein, Schloss-Restaurant 40
Kapfensteinerhof, Gasthof 40
Kniely, Gasthaus 40
Kreuzwirt, Gasthof 8
Malerwinkl, Restaurant 37, 38
Masenberger Olmstoll 10
Mein Fast, Hotel-Restaurant 7
Mühlenhof, Restaurant 55
Murhütt'n, Jausenstation 55
Ottersbachmühle, Gasthof 53
Panoramastüberl, Gasthaus 6
Riegerbauer, Gasthof 22
Roseggerhof, Gasthof 1
Schwaiger, Landhotel 14

Stichwortregister (jeweils mit Tourennummer)

Stainzer Stube, Restaurant 47
Steira-Wirt, Gasthof 43
Stoakoglhütte, Almgasthaus 13
Weinlandhof, Gasthof 50, 51
Wildwiesenhof, Gasthof 8
Zum Bäck 24
Zum Bergler-Schlössl, Gasthof 51
Zum Kirchenwirt, Paldau 32
Zum Mesnerhäusl 10
Zum Stadl 20

Getränke-Selbstbedienungs-Stationen
Dursthäuserl 35
Ferienhaus Schönmaier 33
Obsthof Haas 42
Sportplatz Poppendorf 42

Spazier- und Wanderwege (Auswahl)
Antenne-Flusslandschaft 54
Atem-Aktiv-Rhythmus-Weg, Auffen 25
Au-Erlebnisweg, Mureck 55
Au-Rundweg, Bad Radkersburg 54
Auersbacher Planeten-Wanderweg 35
Chorherrenweg, Stift Vorau 9
Fünf-Elemente-Weg, Wörth 33
Geo-Trail 40
Gleichenberger Bahnwanderweg 41
Himmel-Erden-Weg 35
Imker-Meile 38
Kaskögerlweg, Gnas 42
Klöcher Traminerweg 51
Kraftpfad 7
Kunst-Panorama-Weg, Hatzendorf 37
Kuruzzenweg, Burgau 27
Lebenskraftweg, Straden 48
Paldauer Höhepunkte 32
TAU – Weg der Riede, Tieschen 49
Traminerweg, Klöch 51
Vitalweg, Kirchberg an der Raab 31
Vogelbeer-Panoramaweg 14
Weg der Kunst, Stainz bei Straden 47
Weg der Riede, Tieschen 49
Wein- und Mühlenweg,
  St. Peter a. O. 53
Wein- und Turmweg, St. Peter a. O. 52
Weinweg der Sinne, St. Anna am
  Aigen 46
Zaunmachersteig, Hochwechsel 5

Öffentliche Verkehrsmittel

Bahnhöfe und Bahnhaltestellen
Bad Blumau 26
Bad Gleichenberg 41, 43
Bad Radkersburg 54
Fehring 36
Feldbach 39, 41
Gleisdorf 30
Gnas 42
Gniebing 32
Hartberg 12
Hatzendorf 36–38
Hofstätten 43
Lödersdorf 39
Mureck 55
Prädiberg 41
Spielfeld-Straß 55
Studenzen-Fladnitz 31
Takern-St. Margarethen 30
Trautmannsdorf 41, 43
Weiz 20

Bushaltestellen
Mitterdorf an der Raab 18

Stichwortregister (jeweils mit Tourennummer)

Mortantsch Jägerwirt 18–20
Paldau Ort 32

Teichalm 13
Weiz Zentrum 20

Allgemeine Stichworte, A–Z

A
Albrechtshöhe, Edelweißwarte 44
Almenland, Naturpark 13, 14
Almerschmiedsattel 10
Alpenkräutergarten, Rabenwald 21
Alpl, Roseggers Waldheimat 1
Alpl, Waldschule 1
Altenmarkt bei Riegersburg 39
Altes Kellerstöckl 51
Anger 15
Angerwiese 50
Annerlbauerkreuz 16, 17
Antenne-Flusslandschaft 54
Apfeldorf Puch bei Weiz 24
Arzberg 19
Atelier Keramik & Eisen, Straden 47
Atem-Aktiv-Rhythmus-Weg, Auffen 25
Au-Erlebnisweg, Mureck 55
Au-Rundweg, Bad Radkersburg 54
Auenberg, Ried 49
Auersbacher Planeten-Wanderweg 35

B
Bad Blumau 26
Bad Gleichenberg 41, 43, 44
Bad Radkersburg 54
Badenbrunn 33
Basaltspalte von Tieschen 49, 50
Bendlerhöhe, Selbstversorgerhütte 14
Bohnerberg 37
Brothof Hödlhof 36
Brühl 12
Brunn bei Fehring 36
Buchbauersteg 19

Bundessportfreizeitzentrum Schielleiten 23
Burgau, Schloss 27
Burgauberg 27
Burgruine Klöch 51
Burgstallberg 36

C
Chorherrenweg, Stift Vorau 9

D
Deutsch Haseldorf 50, 51
Dörfl, St. Johann bei Herberstein 22
Drauchenbachbrücke 54
Drei Kreuze, Rabenwaldkogel 21
Durchlass, Imker-Meile 38
Dürntaler Halt, Höhe 16
Dürntaler Kreuz 16, 17

E
E-Werk Raabklamm 19, 20
eat & art, Rastplatz 38
Edelbrände Tischler, Muggauberg 47
Edelsbach bei Feldbach 34
Eicherlkreuz 31
Entschendorfberg 52
Erzherzog-Johann-Höhe 9

F
Feistritztalbahn, Museumsbahn 21
Feldbach 40, 41
Ferienhaus Schönmaier 33
Fischbach 4
Floisenkogel 8
Freizeitanlage, St. Peter a. O. 52

Stichwortregister (jeweils mit Tourennummer)

Freizeitpark Stubenbergsee 22
Friedberg 6
Fröhlichberg 39
Frühwirth, Weingut 51
Fünf-Elemente-Weg, Wörth 33
Fürstmühle 19
Furt, Drauchenbach 54

G
Geiereck 2
Geierwand 22
Geisterkapelle 29
Glatzberg 38
Gleichenberg Dorf 44
Gleichenberger Bahnwanderweg 41
Gleichenberger Kogel 44
Globitsch 46
Gornja Radgona/Oberradkersburg 54
Gösser, -wand 16, 17
Göttelsberg 20
Gradieranlage, Maria Fieberbründl 23
Grasslhöhle 16, 17
Grazbachtal 37
Grazer Stuhleck 3
Grenzstein IV-1, Sektor 54
Grieberg 32
Grillberg 36
Große Raabklamm 19
Größing 49
Gruisla 51
Grünbründlkapelle 21
Gschaid bei Weiz 16
Gschnaidtsattel 15

H
Haidenwald 11
Hartberg 12
Harter Teich 25
Haselbach-Kapelle 29
Haselbachsteg 19

Hatzendorf 36–38
Hatzendorfer Imker-Meile 38
Hatzendorfer Kunst-Panorama-Weg 37
Hatzendorfer Weinweg 36
Hauereck 1, 2
Haus der Vulkane 47
Heiliges Grab 22
Herberstein, Schloss 22
Herberstein, St. Johann bei H. 22
Herz-Jesu-Kapelle 39
Hilmtor 6
Himmel-Erden-Weg 35
Hinterberg-Kapelle 30
Hirschwälder 30
Hoastub'n, Rastplatzl 14
Hochaugenweide 48
Hochstraden 45
Hochwart, Aussichtsplattform 51
Hochwechsel 5
Hödlhof, Brothof 36
Hofleitensteg 19
Hofstätterkapelle 52
Hoher Zetz 15
Holzhöf 21
Hotel Garni, Schöne Aussichten 51
Hundertwasser-Therme 26
Hürtherberg 51

J
Joglland, -Kraftpfad 7
Jörgen 49

K
Kalvarienberg, Feldbach 41
Kalvarienberg, St. Peter a. O. 52
Kalvarienberg, Tofferlegg 42
Kapelle Ulrichsbrunn 28
Kapfenstein, Ort und Schloss 39
Kaskögerlweg, Gnas 42
Katerloch, Schauhöhle 17

Stichwortregister (jeweils mit Tourennummer)

Kellerstöckl, Altes 51
Keltendorf, Kulm 24
Keramik & Eisen, Straden 47
Kerschbaumgatterl 13
Kindsberg 49
Kirchberg an der Raab 31
Kirchenegg 36
Kleeberg, -Warte 30
Kleine Raabklamm 18
Kleinwalkersdorf 35
Klinzl 51
Klöchberg 51
Klöcher Traminerweg 51
Klöcher Weinland 51
Kochberg 33
Kogel, Gleichenberger Kogel 44
Kögerlegg 33
Kolleritsch, Weingut 49
Königsberg 50
Konixberg 39
Kopeckwald 51
Kopfspur 35, 40
Kornberg, Schloss 35
Kraftpfad 7
Kraftwerk Raabklamm 19, 20
Kranzl 22
Kulm 24
Kulm-Keltendorf 24
Kundnerberg 40
Kunst-Gasthof Malerwinkl 37, 38
Kunst-Panorama-Weg, Hatzendorf 37
Kuruzzenweg, Burgau 27

L
Lärchenwiese, Rastplatzl 14
Lärchsattel 16, 17
Lebenskraftweg, Straden 48
Lehbauersteg 19
Leitersdorfberg 26

Leo, Serbeth 51
Liebmann, Gehöft 53
Lindenkapelle, Rudorfkogel 43
Lindenplatz, Rastplatz 42
Linke Kopfspur 40
Literaturbrunnen 28
Löblerberg 32
Loimeth, Rastplatz 26
Loipersdorf, Therme und Steinpark 29
Lugitsch, Ölmühle und Mühlenladen 32

M
Magland 29
Maglander Hof, Ab-Hof-Verkauf 29
Maria Fieberbründl 23
Markt Hartmannsdorf 28
Masenberg 10
Maurerkögerl 39
Mettersdorfberg 53
Mitterdorf an der Raab 18
Mitterling 54
Mortantsch 18–20
Muggauberg 47
Muggendorf, -berg 47
Mühlenladen/Ölmühle Lugitsch 32
Mühlsteinbruch/Enzianwarte 44
Mur 54, 55
Murbrücke, Bad Radkersburg 54
Murbrücke, Spielfeld 55
Mureck 55
Murfähre, Weitersfeld 55
Muschkagraben 51
Museumsbahn Feistritztalbahn 21

N
Naturkraftpark, Pöllau/Feldhöf 11
Naturpark Almenland 13, 14
Naturpark Pöllauer Tal 11
Naturschutzteich 54
Nepomuk-Statuette 30

Stichwortregister (jeweils mit Tourennummer)

Neusiedl 25
Niesbauersteig 18
Notunterstand Zetz-Schochtl 15

O

Oberdorf, Kleine Raabklamm 18
Obsthof Haas, Kaskögerlweg 42
Oedgraben, Imker-Meile 38
Ölmühle Lugitsch 32
Österreichisches Brückenmuseum 34
Ottersbachmühle 53
Ottersbachtal 52, 53

P

Paldau 32
Paldauer Höhepunkte 32
Paradeiser-Paradies Urlmüller 48
Parapluie, aktuell Edelweißwarte 44
Parktherme, Bad Radkersburg 54
Patzenberg, -brücke 49
Perbersdorfberg 52
Petern-Steinbruch 51
Pichla 49
Pirstingerkogel 13
Plankogel 13
Platzer, Weingut 49
Plesch 46
Ploder, Weingut 53
Pöllau 11
Pöllauberg 11
Pongratzer Kogel 10
Poppendorf 42
Prädiberg 41
Pretul 2, 3
Puch bei Weiz, Apfeldorf 24
Pum, Ried 49

R

Raabklamm, Große 19
Raabklamm, Kleine 18

Raabklamm, Kraftwerk 19, 20
Raabtal 39
Rabenwaldkogel 21
Rabenwaldkogel, Alpenkräutergarten 21
Rastplatz eat & art 38
Rastplatz Kochberg 33
Rastplatz Lindenplatz 42
Rastplatz Loimeth 26
Rastplatz Scheibelberg 35
Rastplatz Weingut Kapper 36
Rastplatzl Hoastub'n 14
Rastplatzl Lärchenwiese 14
Rastplatzl Schwoaghofer-Teich 14
Rauch, Weinhof 52
Ried Auenberg 49
Ried Pum 49
Riegersburg, Ort und Seebad 39
Riegersburg, Schlossberg 39
Ringkogel 12
Rogner Bad Blumau 26
Rohrbach-Kapelle 35
Römerstein 36
Roseggers Geburtshaus, Alpl 1
Roseggers Waldheimat 1
Rosenberg, Vulkanland-Sternwarte 35
Rudorfkogel 43

S

Saazer Teiche 32
Saazkogel 32
Sandstöckl, Winzerhaus 42
Sattelberg 16, 17
Sattelkreuz 16, 17
Saurucken 18
Schanz/Gasthof, Schanzsattel 4
Schaubergwerk, Arzberg 19
Schaugarten Bella Bayer, Hartberg 12
Schauhöhle Grasslhöhle 16, 17
Schauhöhle Katerloch 17

Stichwortregister (jeweils mit Tourennummer)

Scheibelberg, Rastplatz 35
Schemming-Kapelle 46
Schielleiten, BSFZ 23
Schiffsmühle 55
Schloss Burgau 27
Schloss Herberstein 22
Schloss Kapfenstein 39
Schloss Kornberg 35
Schloss Oberradkersburg 54, 55
Schloss Pöllau 11
Schloss Schielleiten 23
Schlosskirche Pöllau 11
Schlössl-Hotel Kindl 44
Schlossmuseum, Schloss Kornberg 35
Schokoladenmanufaktur Zotter 39
Schöne Aussichten, Hotel Garni 51
Schwabau 48
Schwaighof 6
Schwarz-Kapelle, Göttelsberg 20
Schwarzaubachbrücke 55
Schwarzmannshofen 26
Schwarzriegel, -moos, -sattel 3
Schwoabauerkreuz 13
Schwoaghofer-Teich, Rastplatzl 14
Schwotz-Kapelle 53
Seebad Riegersburg 39
Seidlkeller 46
Sektor-Grenzstein IV-1 54
Selbstversorgerhütte Bendlerhöhe 14
Selenko-Teich 54
Serbeth, Weingut 51
Siebenkögel 13
Siegersdorf Klamm, Ort 22
Sommeralm 13
Spielfeld 55
Spielstatt, Rabenwaldkogel 21
Spielstätte, Ringkogel 12
St. Anna am Aigen 46
St. Jakob im Walde 7

St. Johann bei Herberstein 22
St. Kathrein am Offenegg 14
St. Margarethen an der Raab 30
St. Pankraz 10
St. Peter am Ottersbach 52, 53
Stainz bei Straden 47
Steinerne Stiege 12
Steinpark, Loipersdorf 29
Steinriegel 2
Sternwarte, Auersbach/Rosenberg 35
Stift Vorau 9
Stiftspark Pöllau 11
Stoffmühlsteg 18
Straden 48
Stradner Kogel 45
Strallegger Bildstein 8
Straußenfarm, Straußenwirt 25
Stuhleck 3
Styrassic-Park 41
Sub Terra Vorau 9

T
TAU – Weg der Riede, Tieschen 49
TAU-Winzer 49
Tausendjährige Eiche 26
Teufelstein 4
Therme Blumau 26
Therme Loipersdorf 29
Thermenlandhof Thierjakl 38
Thierkogel 38
Tierwelt Herberstein 22
Tieschen 49
Tofferlegg 42
Toter Mann 8
Traminerweg, Klöch 51
Trautmannsdorf 41, 43
Tschartake 27

U
Ulrichsbrunn-Kapelle 28

Stichwortregister (jeweils mit Tourennummer)

Unterrosenberg 53
Urlaub am Bauernhof, Liebmann 53
Urlmüllers Paradeiser-Paradies 48

V

Villa Hohe Warte 41, 43
Villa Thermale 29
Vinothek in Klöch 51
Vitalweg, Kirchberg an der Raab 31
Vorau 9
Vulkanland-Sternwarte 35
Vulkanlandhaus 47

W

Wachthaussattel 16
Waldheimat 1
Waldschule, Alpl 1
Wallfahrerkreuz, Sommeralm 13
Wallfahrtskirche Maria Fieberbründl 23
Wallfahrtskirche Pöllauberg 11
Wasserorgel 46
Weg der Kunst, Stainz bei Straden 47
Weg der Riede, Tieschen 49
Wehrsteg 19
Wein- und Mühlenweg, St. Peter a. O. 53
Wein- und Turmweg, St. Peter a. O. 52
Weingut Frühwirth 51
Weingut Kapper, mit Rastplatz 36
Weingut Kolleritsch 49
Weingut Platzer 49
Weingut Ploder 53
Weingut Serbeth 51
Weinhof Krenn 34
Weinhof Pfeifer 46
Weinhof Platzer 49
Weinhof Rauch 52
Weinweg der Sinne, St. Anna am Aigen 46
Weitersfeld an der Mur 55
Weiz 20
Wenigzell 7
Wetterkreuz, Floisenkogel 8
Wetterkreuze, Siebenkögel 13
Wetterlärche 53
Wildwiesen 8
Windpark Pretul 3
Windpark Steinriegel-Rattener Alm 2
Windrad, Plankogel 13
Winzerhaus Sandstöckl 42
Wisiakmühle 55
Woazackerschuster, Gehöft 52
Wolfleiten 48
Wolfsattel 16
Wörth bei Gnas 33
Wörth bei Kirchberg 31
Wünschbachbrücke 18

Z

Zaraberg 51
Zaunmachersteig, Hochwechsel 5
Zellerkreuz 4
Zetz-Höhenrücken 15
Zetz-Schochtl, Notunterstand 15
Zotter, Schokoladenmanufaktur 39

FREIZEITTICKET
STEIERMARK

Ideal für Wanderausflüge. Einen Tag lang in der gesamten Steiermark fahren!

- Tageskarte für eine Person um € 11,–
- Gültig für Bus, Bahn und Bim in der Steiermark (außer Railjet-, Eurocity-, Intercity-, D- und Nightjet-/Euronight-Züge, RegioBusse 311/321 nach Wien).
- Jeden Samstag, Sonntag oder Feiertag.
- Verkauf: Busse, Straßenbahnen, tickets.oebb.at, ÖBB App, Graz Mobil App, Ticketautomaten, Ticketschalter
- Infos: www.verbundlinie.at

Tarifstand Jänner 2020 | Verkehrsverbund Steiermark GmbH, Graz

€ 11,–

VERBUND LINIE